언택트 시대의 교수법

온라인 수업 전략

언택트 시대의 교수법

온라인 수업 전략

초판 1쇄 인쇄 | 2020년 9월 22일
초판 1쇄 발행 | 2020년 9월 29일

지은이 | 이상민, 한승연
발행인 | 한정희
발행처 | 종이와나무
출판신고 | 2015년 12월 21일 제406-2007-000158호
주소 | 경기도 파주시 회동길 445-1 경인빌딩 B동 4층
전화 | 031-955-9300
팩스 | 031-955-9310
홈페이지 | http://www.kyunginp.co.kr
이메일 | kyungin@kyunginp.co.kr

ISBN 979-11-88293-09-4 03370
값은 뒤표지에 있습니다.

종이와나무는 경인문화사의 브랜드입니다.

언택트 시대의 교수법

온라인 수업 전략

이상민·한승연 지음

종이와
나무

프롤로그

개학 지연, 그리고 유례없는 온라인 개학은 교사, 학생, 학부모를 포함해 학교 시스템 전체에 예상치 못한 변화와 위기를 가져왔다. 아직도 그 대안을 제시하기에는 기술, 인프라, 제도, 인식 측면에서 선행되어야 할 과제들이 산적해 있는 실정이다. 비대면 시대는 국내외 교육 상황에 여러 가지 갈등을 야기하고 있으며, 미디어 리터러시(media literacy) 부족, 디지털 격차, 교사의 역할 갈등, 학습 결손, 돌봄 공백 등 다양한 이슈들이 제기되었다. 비대면 시대가 가져올 교육의 변화는 아직 그 구조를 쉽게 가늠하기는 어려운 시점이다. 이 상황이 아직 해결되지 않았지만, 언제든 반복될 수 있는 상황이며, 사회 각계에서 이미 이전으로 돌아갈 수 없는 뉴노멀(new normal) 시대로 선언하고 있다.

수업을 비대면, 즉 온라인으로 전환하기 위해서는 수업의 기획단계부터 설계 → 실행 → 운영 → 평가에 이르기까지 전면적인 개편이 선행되어야 하고 이전에 시도해 보지 않았던 방법론을 적용해야 한다.

이 책은 비대면 시대 교육의 방향을 찾아보고 새로운 수업으로 전환하기 위해 교수자들에게 필요한 정보를 제공하고자 쓰여졌다. 온라인 수업과 비대면 수업을 완전히 동일시 할 수는 없으나, 온라인 수업에서의 경험을 토대로 비대면 수업을 위한 다양한 전략과 기법을 제공하고자 한다. 대면 수업을 지향하며 설계한 수업을 비대면 수업으로 전환하는 데 도움을 주고자 하며, 테크놀로지나 도구의 활용자체보다는 **교수법과 교수전략의 활용사례를 전달하는 데 중점**을 두고 있다. 특히 이 책은 비대면 수업에서 사용되는 다양한 도구의 사용법과 함께, 각각의 기능을 어떻게 수업에서 효과적이고 전략적으로 사용하여 학습효과성과 학습자의 만족도를 높일 수 있는지에 대해 다양한 예시와 함께 자세히 설명하고 있다. 또한, 이러한 도구를 사용해서 실제 시행된 수업 에피소드를 포함하여 독자들이 더 생생하게 수업을 그려 볼 수 있도록 하였다.

먼저 1부에서는 비대면 교육의 특성과 지향점을 탐색해본다. 수업설계와 관련하여 학습자 만족도를 제고하기 위한 온라인 교육의 실행, 성공적인 비대면 수업설계, 블렌디드 수업설계 등을 다룬다. 2부에서는 온라인 수업 관련 테크놀로지에 대해 알아본다. 실시간 비실시간 강의, 콘텐츠 제작 시스템, 실시간 화상 수업 테크놀로지와 전략, 학습관리 시스템, 상호작용 시스템 등을 예시와 함께 제공하고 있다. 3부에서는 수업분위기 조성하기(네티켓), 학습과정 모니터링, 참여관리, 피드백, 상호작용, 자기 주도 학습, 실재감을 향상하는 방법 등에 대해 구체적인 예시를 통해 설명하고 있다. 4부에서는 온라인 학업 평가 설계와 관련 이슈, 교수자의 성찰과 자기개발을 다룬다. 에필로그에서는 남아 있는 과제와 앞으로의 방향에 대해 논의한다.

이 책은 수업설계, 실행, 운영, 평가로 장이 구분되어 있기는 하나 반드시 순서대로 읽을 필요는 없고 필요한 정보에 따라 어디에서부터 시작해도 무방하다. 차례대로 읽는다면, 수업설계에서부터 평가까지 읽으면서 자신의 수업을 마음 속으로 그려보고, 마지막 장에서 자신에 대한 성찰을 한 후 가장 적절한 비대면 수업의 모형의 활용을 선택하면 된다.

이 책이 온라인 수업을 준비하고 적용하는 분들에게 가이드가 되고 비대면 교육의 성공적인 모델을 제시하는데 도움이 되기를 기대한다.

목차

PART 1

비대면 수업,
다르게 가르치기

비대면 시대의 교육[*]

    비대면 교육은 완전히 새로운 것은 아니며 이미 수십 년 간 원격교육(distance education)이 적용되어 오고 있다. 원격교육은 물리적으로 멀리 떨어져 있어 학교에 갈 수 없는 학습자들을 위해 교육자료를 우편으로 보내기 시작한 이래, 전화, 팩스, 오디오, 비디오로 기술이 발전되어 가면서 매우 제한된 상호작용만 가능하던 형태에서 이제는 서로 대면할 수 있는 실시간 화상회의가 가능한 시점에 와 있다. 원격교육과 유사한 형태이나 이와는 별개로 텔레커뮤니케이션과 컴퓨터 테크놀로지의 발달로 시간과 공간의 한계를 극복한 다양한 교육형태를 제공하는 온라인 교육도 1980년대부터 발전하여 현재 MOOC(Massive Online Open Courseware)를 위시하여 전 세계적으로 관심이 급증하고 활용이 확대되어 가고 있는 상황이다.

    그런데 이미 디지털 시대로의 전환이 이루어지고 온라인 등 '비대면' 교육경험이 이론적·기술적으로 발전을 거듭하고 있는 시점에서 지금 비대면 교육은 왜 위기로 인식되는 것일까? 여기에서는 이 질문

[*]   한승연(2020), 비대면시대의 교육, Under review의 내용에 기반하여 작성되었음.

에 대한 답을 찾고 위기를 극복하기 위해 어떤 것들이 고려되어야 하는지 비대면 교육의 특성과 교육의 본질이라는 측면에서 살펴 보고자 한다.

비대면 시대의 교육에서 가장 큰 요구 중의 하나는 역설적이게도 대면, '연결(contact)'이다. 물리적인 거리 때문에 학교에 가지 못하는 것은 아니지만, 사회적 거리두기의 일환으로 학교에 가지 못하게 되면서 각국은 대안모색에 여념이 없었고, 원거리 학습의 형태로 학교 수업을 지속해오고 있으며, 미래학자들은 오히려 학교가 기존처럼 운영되지 못하는 상황에서 온라인 교육을 가장 막강한 대안으로 제안하고 있다.

앞서 언급한 것처럼 온라인 교육은 우리에게 완전히 새로운 것은 아니며 이미 교육에서 다양하게 활용되고 있다. 처음에 도입될 때는 텍스트 중심의 공지사항 전달이나 이메일, 비실시간 토론 등 교실수업에 대한 보조적인 수단이었지만, 인프라와 테크놀로지가 발달하면서 멀티미디어 콘텐츠의 공유에서 현재는 실시간 라이브 강의나 세미나가 가능해졌고, 제도적으로 대안적 학력을 인정받을 수 있는 기반도 마련되고 있다.

온라인 교육 콘텐츠를 만들 수 있는 기술적 여건은 이미 성숙단계에 와 있고, 전문적인 도움을 받지 않더라도 누구나 쉽게 콘텐츠를 제작하여 공유하거나 실시간 방송을 하는 것도 가능하다. 이렇게 고도로 발달된 테크놀로지와 축적된 방법론이 있음에도 불구하고 왜 온라인 교육으로의 전환이 쉽지 않았을까?

비대면 수업이 사람 간의 접촉을 최소화하는 것이 특징이라면 교육은 다각적이고 다면적인 사람 간의 '접촉'을 지향하기 때문이다. 역설적이게도 온라인에서 활용될 수 있는 콘텐츠들은 양적으로 더 늘어났고, 기술 인프라도 풍부하지만 그것 자체로 학교 교육을 바로 전환하기에는 무리가 따른다. 기획부터 설계까지 온라인 수업은 기존의 수업과는 달라야 하기 때문이다.

테크놀로지가 매개하는 수업은 테크놀로지의 속성에 대한 이해를 기초로 해야 하고, 온라인 콘텐츠를 제작하거나 활용하고, 다양한 도구를 활용하여 학습활동을 구성하고 학습자를 관리할 수 있는 기술적 지원과 교수자의 디지털 리터러시(digital literacy)가 없이는 실행이 쉽지 않다.

무엇보다 **비대면 상황에서는 효과적이고 효율적인 의사소통(communi-cation)이 중요**하다. 서로 얼굴을 마주하고 함께 교실에 앉아 있는 상황이 아니기 때문에 온라인 상의 테크놀로지를 사용하여 효과적·효율적으로 의사소통할 수 있는 역량이 어느 때보다 절실하다. 교실에서 적극적으로 수업에 참여했던 학생이 온라인 상에서는 조심스럽고 소극적인 학생으로 바뀌는 모습을 보게 되기도 하고 그 반대의 경우를 경험하기도 한다. 교수자도 마찬가지이다. 강의실에서 넘치는 열정으로 강의를 하던 교수자가 온라인 수업에서는 부자연스럽고 단조로운 모습을 보이기도 한다.

테크놀로지가 매개하는 환경은 테크놀로지를 사용할 줄 아는 기능적 역량 외에도 그 테크놀로지에 자신을 잘 적응시키고 테크놀로지의 속성에 맞게 교수행위나 학습활동을 할 수 있는 적응적 역량을 요구한다. 물론 테크놀로지에 종속되는 것은 바람직하지 않지만, 인간의 자율성이라는 측면에서 교수자로서 내가 가지고 있는 요구를 테크놀로지가 실현하도록 통제하고 조절할 수 있는 역량도 동시에 중요하다.

돌아갈 수 없는 기존의 수업모형을 답습하기보다는 새로운 일상으로서의 비대면 수업을 수용하고 필요하다면 미디어에 적합한 스피치 기법이나 다양한 테크놀로지 별로 요구되는 의사소통기법들을 익히고 적용해야 한다. 활용 목적에 따라 비실시간·실시간 도구를 구별하여 정보제공, 수업내용 전달, 상호작용, 과제활동 등에 적절하게 적용해야 한다. 또한 의사소통에 있어 학습자의 다양성을 인식하고 어느 한가지 방법을 활용하기 보다는 다양한 방법을 적용할 필요가 있다. 그러나 지나치게 많은 도구의 활용은 바람직하지 않을 수 있는데, 의사소통의 내용에 중점을 두기 보다 기술활용 자체에 치우칠 수 있기 때문이다. 교수적 목적으로 도구를 선정하되 학습자들이 쉽고 익숙하게 활용하고 있는 도구를 우선 선정하고 보안이 보증되는 도구들을 선정할 필요가 있다.

기술적인 것 외에 의사소통 역량 자체도 중요하다. 교실 수업에서처럼 다양한 비언어와 단서들이 부재한 상태에서 온라인에서 의사소통이 이루어지게 되면 내용이 잘못 전달되거나, 혹은 전달 자체가 안되거나, 왜곡될 수 있는 우려가 있다. 따라서 명료한 메시지 전달과 메시지의 수신 여부 등을 확인하고 학습자의 이해도 점검을 위한 전략 수립도 필요하다. 또한 비대면 상황에서 학습자의 고립감이나 외로움을 해소하기 위해 내용 중심의 의사소통 외에도 친교적 의사소통도 요구되며 학습자들이 교실에서처럼 서로 함께 있다고 느끼고 성공적으로 목표를 달성할 수 있다는 신념을 갖게 해 줄 필요가 있다.

오늘 온라인 수업이 결정되었고 **내일 온라인으로 강의를 해야 하는 입장에서 무엇을 가장 먼저 해야 할까?** 우선 교실 수업으로 기획되었던 수업설계안을 다시 펼쳐보는 것부터 해야 할 것이다. 교사가 강의하려고 했던 내용과 학습자들이 참여해야 했던 내용, 수업중의 질의 응답 관리나 수업요약, 필요하다면 평가를 포함한 차시 전반에 대한 계획을 온라인으로 전환해야 한다.

온라인으로 전환하기 위해 어떤 테크놀로지와 도구를 사용해야 할지, 어떤 플랫폼이 있는 지에 대한 탐색도 동시에 이루어져야 할 것이다. 강의를 직접 녹화할 수 있는 여건이 아닌 것이 분명한 상황에서 어떤 콘텐츠가 있는지 검색하고 좋은 자료를 선정할 필요가 있다.

여기에서의 큰 갈등은 교수자가 원래 가장 많은 부분을 할애했던 '강의'를 콘텐츠로 대체하는 부분에서의 역할 갈등이다. 그리고 가용한 우수한 콘텐츠가 있다면 과감하게 이를 수업에 활용하고 대신 온라인으로 전환된 학습자 활동 촉진, 질의응답, 요약과 평가, 학습자 관리가 우선시 될 필요가 있다.

교육자료와 강의는 개방적이고 공유되어야 한다는 철학에 바탕을 둔 OER(Open Educational Resources)과 최근 들어 전세계적으로 관심이 급증하고 활용이 확대되고 있는 MOOC(Massive Open Online Courseware)도 현 상황에서 좋은 대안이 될 수 있다. 온라인에 우수한 교육자료가 이미 많이 공유되고 있는 상황에서 강의를 녹화하고 제작하는 것이 첫 번째 우선순위가 될 필요는 없다. 수업은 강의가 많은 부분을 차지하지만 '강의만' 있는 것은 아니다. 좋은 콘텐츠를 우선 활용하고 학습자 관리와 수업 운영 전략을 개발하여 적용하는 것도 중요하다. 새로운 변화에 적응하고 능동적인 주체가 되기 위해 온라인으로 전환되는 수업설계를 새롭게 할 수 있는, 적어도 한 학기 정도는 기획하는 시간으로 잡고 기존의 수업을 비대면 수업으로 변환할 수 있는 여건을 마련해야 한다.

변화를 수용하기 위해, 즉 온라인으로의 전환(transition)을 위해서는 **시스템적 접근과 사고가 필요**하다.

교육을 하나의 시스템으로 간주할 때, 교육을 이루는 각 요소는 공통의 목표를 달성하기 위해 유기적으로 상호작용해야 한다. 새로운 테크놀로지를 받아들일 수 없다거나, 기존의 방식을 고집하는 것은 시스템적 사고에 어긋나고 문제해결에 어떤 도움도 될 수 없다. 환경이 변화하고 새로운 테크놀로지가 도입되면 시스템의 일부인 나(교수자와 학습자, 그 외 관련된 모든 교육 주체들)도 시스템의 기능을 유지하고 목적을 달성하기 위해서는 그에 적응하도록(adaptive) 변화해나가야 한다.

이를 위해서는 나는 온라인을 모르기 때문에, 온라인 교육을 하도록 훈련 받지 않아서라고 거부하거나 뒤로 물러설 것이 아니라 서서히 변화에 적응하여 시스템이 제대로 작동하도록 해야 한다. 물론 이때 테크놀로지나 도구가 잘못되었다면 이를 바꾸고 새로운 것으로 대체하기 위한 것도 시스템적 사고, 체제적 접근(systemic approach)이라고 할 수 있을 것이다. 무엇보다, 교수자와 학습자의 마음(mindset)부터 바뀌지 않으면 안 된다.

변화를 받아들이는 태도와 속도는 모두 다르다. 문제는 우리가 직면한 변화는 선택할 수 있는 것이 아니라 이미 와 있는데 있다. 환경의 변화에도 불구하고 교육시스템은 변화에 즉각적으로 대응하는 데는 한계를 나타내고 있다.

국내에는 각 대학에서의 적극적인 온라인 수업 도입과 활용 외에도 2000년대 초반부터 20여 개의 사이버대학이 설립되어 운영 중에 있고 공공기관이나 민간에서의 온라인 교육 경험도 성숙단계에 와 있으며 1980년대부터 시작된 교육정보화 사업은 단계를 거듭하며 초중등에서의 온라인 교육 경험도 풍부하다.

이러한 온라인 교육 경험으로 시험 가능성과 성공에 대한 기대는 있으며 이미 온라인 교육을 실행하고 있는 우수사례를 공유함으로써 새로운 교육모형의 도출도 충분히 기대할 수 있는 여건이라고 판단된다. 다만, 패러다임의 변화를 얘기할 때, 우리는 종종 사회의 변화, 환경의 변화로 생각하기 마련인데 내 마음이 패러다임을 바꾸지 않는다면 어떤 변화도 없을 것이다. 비록 기대했던 혁신이 아닐지라도 변화를 채택하고 주도하기 위해서는 새로운 마음을 가지는 것이 우선되어야 할 것이다.

효과적인 비대면 수업 설계

비대면 수업의 성공여부를 가늠할 수 있는 가장 중요한 척도는 학습자 만족도이다. 학습자 개개인에 따라 만족도가 주관적일 수 있으나, 대체로 학습자 만족도가 높은 수업은 효과적이고 효율적이며, 학습자에게 의미 있고, 따라서 학습자의 학습동기와 흥미를 유지시킬 수 있는 수업이라 할 수 있다. 이것은 너무 당연하고 모든 교수자가 다 아는 사실이지만, 학습자 만족도가 높은 성공적인 수업을, 그것도 온라인으로 만들고 운영하기는 쉽지 않다.

학습자 만족도가 높은 비대면 수업을 만들기 위해서는 우선 수업 설계부터 실행, 운영, 평가까지의 전 과정을 꼼꼼하게 미리 계획하고 운영해야 한다. 그리고 이 과정 동안 교수자는 단순히 수업을 하고 지식을 전달하는 사람에 머무는 것이 아니라 커리큘럼과 수업 디자이너, 강의자, 퍼실리테이터(facilitator), 코치, 평가자, 멘토 등 다양한 역할을 성공적으로 수행하여야 만족도가 높은 비대면 수업을 만들 수 있다.

대면 수업과 달리 비대면 수업은 학습자와 직접 마주하지 않고 모니터를 사이에 두고 수업을 진행하기 때문에 기술, 상호작용, 교수법

측면에서 차이가 난다. 다만 **좋은 수업에 대한 원칙은 비대면, 대면 여부를**
막론하고 본질적으로는 같다.

이 원칙은 원래 대학교 학부 대면 수업을 기준으로 제시되었으나,
다른 학교급의 수업이나 비대면 수업에도 적용이 가능하다. 실제로
많은 비대면 수업에서 이 원칙을 적용하여 효과적이고 만족도가 높은
수업을 만들고자 하는 시도와 연구가 있었다. 이 책에 담고 있는 내용
은 결과적으로 위의 일곱가지 원칙을 실현시키고자 하는 방법론이 될
것이다. 이 원칙을 강조하는 이유는 비대면 수업이라고 해서 테크놀
로지가 교수자의 교육관(pedagogy)에 앞서지 않는다는 것을 밝히고자
함이다.

즉, 교육관을 우선적으로 정립하고 이를 효과적으로 실현시킬 수
있는 테크놀로지를 선택하여 사용하여야 성공적인 비대면 수업을 할

* Chickering, A. W., & Gamson, Z. F. (1987). Seven principles for good
  practice in undergraduate education, *AAHE Bulletin, 39*, 3-7.

수 있다. **"Pedagogy first, technology second"**의 원칙을 잊어서는 안 된다. 비대면 수업이라고 해서 테크놀로지 활용이 핵심이 아니라는 의미이다. 처음에 어렵게 느껴지더라도 일단 입문을 하고 나면 테크놀로지 그 자체는 비대면 수업을 운영하는데 큰 장벽이 되지 않는다. 오히려 간단하고 기본적인 테크놀로지를 어떻게 효과적으로 활용하고 운영하는지에 따라 수업의 성패가 좌우된다.

비대면 수업을 성공적으로 만들기 위해서 가장 먼저 해야 하는 것은 미리 철저한 계획을 세우는 것이다. 온라인 수업과 기술적 부분에 대한 이해가 부족한 상태에서 수업을 하게 되면 효과적인 수업이 될 수 없다. 특히 온라인 수업은 비대면으로 학습자와 만나게 되므로 대면 수업과 다른 여러 문제가 발생할 수 있으니 이러한 문제에 대해서도 미리 고민하고 대비를 해 놓아야 한다.

비대면 수업 준비에서 고려해야 할 영역을 크게 보면 교수자, 학습자, 학습내용, 그리고 맥락으로 이루어져 있다. 각각의 영역에서 세부적인 사항을 살펴보고 계획하는 것이 성공적인 비대면 수업을 위한 시작일 것이다. 온라인 수업을 설계하기에 앞서 다음과 같은 사항을 미리 생각해 본다.

① **교수자**의 교육철학과 교수방법이 무엇인지 짚어본다. 예를 들어, 교수자가 행동주의, 인지주의, 구성주의 학습이론 중 평소에 어떤 이론에 가장 근거하여 수업을 하고 있는지 생각해본다. 교수자의 교육철학과 학습이론은 수업의 전 과정에 영향을 미치는

프레임이 된다. 강의식 수업을 선호하는지, 학습자 중심이나 과제 중심의 수업을 선호하는지는 교수자의 교육철학에 기초한다. 즉, 교수자의 교수철학에 따라 수업의 형태(실시간 또는 비실시간 수업), 상호작용의 종류와 빈도, 과제의 종류와 방법 등 수업 전반에 걸친 모든 것이 결정된다.

② 비대면 수업에서는 테크놀로지를 상당 부분 활용하게 되므로, 교수자의 테크놀로지 역량도 고려를 해야 한다. **교수자의 테크놀로지 역량**이 높지 않다면, 무리해서 복잡한 프로그램이나 도구를 쓰기보다는 기본적인 프로그램을 사용해서 정확하게 내용을 전달하고 학습자와 상호작용을 하는데 초점을 맞추도록 한다. 어떤 종류의 프로그램과 도구를 사용하는지보다 학습자에게 지식을 효과적으로 전달하고 학습자와 '어떻게' 상호작용을 하는지가 더 중요하다.

③ **학습자의 특성**을 파악하고 반영해야 한다. 수업을 수강하고 있는 학습자의 연령, 학습동기, 학습방법, 인지능력 등을 고려해야 하는데, 연령을 제외한 나머지 변인은 하나의 수업에서도 개별 학습자에 따라 모두 다르다.

비대면 수업, 특히 비실시간 비대면 수업에서는 학습자 개별화, 맞춤형 학습이 좀 더 용이하기 때문에 비대면 수업의 장점을 최대한 살릴 수 있도록 수업을 설계한다. 이와 함께 **수업 규모**도 고려해야 한다.

학습자 수가 많은 대형 수업의 경우에는 교수자가 중요하다고 생각하는 변인(예: 학습내용에 대한 인지수준, 학습동기, 학습 스타일 또는 주제별)을 기준으로 그룹으로 나누어 학습자료를 제공하고 상호작용을 할 수 있다. 교수자와 마찬가지로, **학습자의 테크놀로지 역량**도 고려해서 수업에서 사용할 프로그램과 도구를 선택한다. 요즘 학습자는 대부분 테크놀로지 기본 소양이 높아서 새로 사용하는 디지털 도구라도 쉽게 파악하고 사용할 수 있기 때문에 크게 걱정할 필요는 없다. 그럼에도 불구하고 필요 이상으로 복잡하거나 다양한 도구를 사용하여 학습 중 과도한 인지적 부담을 초래하거나 학습에 방해가 되어서는 안 된다.

④ **과목의 성격과 학습내용**에 적합한 비대면 수업 형태를 정해야 한다. 강의식, 실험실습, 과제 기반 학습, 협력학습, 문제해결 방식 등의 유형에서 선택 또는 혼합하여 수업의 형태를 결정한다.

⑤ **맥락과 환경**을 고려해야 한다. 학교의 기술적 지원 정도를 먼저 살펴보고 지원받을 수 있는 부분과 필요하지만 지원되지 않는 부분을 파악해야 한다. 특히, 학교가 학습지원시스템(Learning Management System, LMS)을 지원하는지, 지원한다면 어떤 기능이 있는지, 교수자의 수업에 어떻게 효과적으로 활용할 수 있는지에 대해 우선적으로 계획을 세우고, 부족한 부분을 보완할 수 있는 방안을 강구해야 한다. 또한, 학습자의 접근성을 고려하여 학습자가 쉽게 접근할 수 없는 기술과 도구는 되도록 사용하지 않아야 한다.

온라인 강의를 위한 체크리스트 양식 예시

영역	항목	확인 사항
교수자	테크놀로지 역량수준이 어느 정도인가?	
	해당 수업을 가르쳐 본 경험이 있는가?	
학습자	연령(학년)	
	자기주도적 학습이 가능한가?	
학습	학습 목표는 무엇인가?	
	강의 중심의 수업인가?	
	이 수업에서 가장 중요한 요소는 무엇인가?	
	과제 중심이거나 다양한 활동을 수행하는가?	
	협력학습이 요구되는가?	
	기존의 수업계획서가 있는가?	
	교재와 학습자료는 디지털로 제공할 수 있는가?	
	평가는 어떤 방식으로 할 것인가?	
환경	기술적 지원이 충분한가?	
	소프트웨어가 준비되어 있는가?	
	사용하고자 하는 도구의 접근성이 좋은가?	
	기술적 문제가 발생했을 때 도움을 요청할 수 있는가?	

수업을 설계하기에 앞서 학습내용(과목 성격), 교수자, 학습자, 환경의 영역에서 다음과 같은 항목을 스스로 점검해 보면 수업 설계에서 고려해야 할 부분을 미리 생각해 볼 수 있다.

1. 수업목표 설정하기

비대면 수업에서도 교실 수업과 마찬가지로 수업설계의 시작은 학습목표를 정하는 것이다. 비대면 수업 전에 이미 교실 수업에서 가르쳤던 과목이라면 학습목표가 설정이 되어 있을 것이다. 그러나, 예전에 했던 수업이라도 비대면 수업으로 전환을 했을 때 같은 수준의 학습목표를 달성하는 것이 가능한지를 우선적으로 살펴보고, 때로는 목표를 재설정하는 것이 필요하다. 수업목표를 새로 설정해야 한다면, 후진적 수업설계 모형 혹은 **백워드 설계 모형(Backward course design model)**을 사용하면 빠르고 효과적으로 수업 전체 설계를 할 수 있다. 흔히 사용하는 전진적 설계 모형(Forward design model)은 수업에서 무엇을 어떻게 가르칠지에 대한 학습목표를 설정하고 이에 맞추어 학습활동을 선택하고 정해진 학습활동에 연결하여 평가방식을 결정하는 수업설계 모형이다.

백워드 설계 모형은 수업을 완료한 후 학습자가 산출하게 될 학습결과물을 구체화하고 그 학습결과물이 나오기 위해서는 어떠한 학습활동과 경험이 필요한지를 역으로 설정하는 방법을 사용한다. 즉, 백워드 설계 모형에서는 원하는 학습결과물에 비추어 학습목표를 세우고, 그 학습목표의 도달 여부를 측정할 수 있는 평가방법을 생각한 후, 마지막으로 이 목표를 도달할 수 있는 학습내용과 학습활동을 결정한다. 백워드 설계 모형으로 설계를 하면 전체 커리큘럼의 내용과 활동을 학습목표와 더 밀접하게 구성할 수 있으며, 학습결과물을 구체화하고 학습목표를 설정하기 때문에 학습자에게 더 명확한 학습목표를 제시할 수 있다는 장점이 있다.

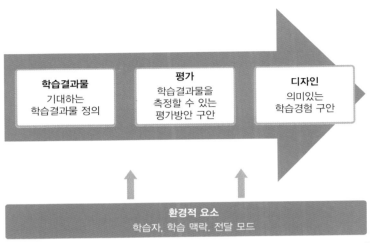

백워드 설계 모형(Backward Design)＊

미디어 리터러시의 이해

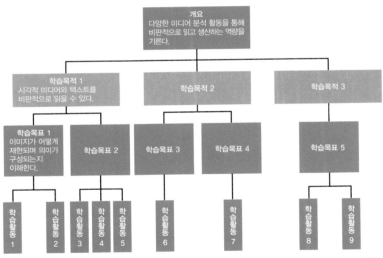

학습목표, 학습결과물 설정하기

＊   Wiggins, G., & McTighe, J. (2005). *Understanding by design*. Alexandria, VA: ASCD.

2. 학습활동 설정하기

학습목표를 설정했으면, 학습목표를 달성하기 위한 학습활동을 선정해야 한다. 학습목표 자체는 대면이나 비대면 수업에서 크게 차이가 나지 않을 수 있으나, 학습활동은 많이 달라질 수 있다. 만일 이전에 대면 수업으로 진행했던 과목이라면, 대면 수업 활동 중에서 온라인으로 할 수 있는 것과 할 수 없는 것을 우선적으로 구분을 해야 한다. 대면 수업에서 했던 활동이 비대면 수업으로 전환되었을 때 학습활동의 성격이나 역학이 달라지게 되므로 세심하게 고려하여 활동을 준비해야 한다. 예를 들어, 토론은 오프라인과 온라인에서 모두 가능하지만 온라인 토론은 종류와 성격이 오프라인 토론과는 다르다. 온라인 상에서 토론은 화상 토론이거나 게시판 토론인데, 대면 토론과 더 유사한 화상 토론이라고 할지라도 많은 면에서 오프라인 토론과는 다르다. 예를 들어, 화상 토론에서는 눈을 맞추거나 다른 사람들의 분위기와 반응을 살피는 것이 더 어려워진다. 비실시간 문자기반으로 진행되는 게시판 토론은 오프라인 토론과 더욱 다르다. 그러므로 온라인 상에서 활동과 활동에 사용될 도구의 특징을 우선적으로 이해하고 활동을 선정해야 한다.

비대면 수업에서 학습활동을 설계할 때 SAMR(Substitute - Augmentation - Modification - Redefinition) 모형을 참고하면 도움이 된다.

SAMR 모델**

　SAMR 모형은 기존의 대면 학습활동이나 과제를 테크놀로지를 활용하여 변환하는 방법을 제안하고 있다. 이 모형을 비대면 수업에서의 학습활동과 과제 생성에 적용을 하면, a) 기존의 학습활동을 변형없이 그대로 온라인으로 가져와서 사용하는 방법, b) 비대면 수업으로 전환하면서 기능적으로 향상시키는 방법, c) 온라인과 테크놀로지의 특성을 적극적으로 반영하여 과제와 활동을 대폭 수정하는 방법, d) 새로운 환경과 테크놀로지 활용 가능성을 염두에 두고 새로운 과제와 학습활동을 생성하는 방법이다. 대체(substitute)의 예는 책으로 된 읽기 자료를 PDF로 배포하는 것이다. 증강(augmentation)의 예는 대면 수업에서 실시하던 퀴즈나 설문을 Google이나 LMS에서 시행하는 것인데, 이는 같은 과업이지만 온라인에서 실시함으로써 자동으로

＊　Puentedura, R. (2013). SAMR: Moving from enhancement to transformation. http://www.hippasus.com/rrpweblog/archives/000095.html

즉각적인 피드백을 받을 수 있기 때문에 기능이 향상된 것이다. 수정 (modification)의 예는 성찰일지를 블로그에 쓰고 이미지와 사운드를 삽입함으로써 테크놀로지를 적극 활용하여 학습결과물의 형태가 수정·개선된 경우를 들 수 있다. 외국 대학생들과의 협력 프로젝트는 재정의(redefinition)의 좋은 예시가 될 수 있다. 수업의 특성과 학습환경, 교수자의 테크놀로지 수준 등을 고려하여 학습활동을 온라인 활동으로 변환하여야 한다.

새로운 활동을 온라인에서 바로 진행하고자 하면, 활동에 어떤 도구나 프로그램이 필요한지, 그 도구를 학습자에게 제공할 수 있는지, 학습자가 별도의 지불이나 어려움 없이 손쉽게 사용할 수 있는지 등을 고려해서 결정해야 한다.

즉, 누구나 쉽게 접근할 수 있는 도구와 학습활동으로 구성해야 하며, 기술적으로 복잡하거나 조작이 어려운 것들은 되도록 배제해야 한다. 일반적으로 구글에서 제공하는 많은 도구들은 학습자들이 무료로 쉽게 사용할 수 있다. 이러한 도구를 활용하면 온라인에서의 다양한 활동과 협동학습을 훨씬 더 용이하게 진행할 수 있다.

수업의 특징에 따라 특수한 프로그램이 필요한 경우에는 미리 한 학기에 수업에 필요한 도구나 프로그램 목록을 정해서 학습자에게 안내를 해주어 혼란이 없도록 해야 한다.

대면으로도 학습활동이 진행되는 경우에는 과제나 활동이 비대면 수업과 연계성을 고려한다. 또한, 활동의 결과물을 탑재하는 방법을 선택하고 이에 대해서 학습자에게 안내를 한다. 필요 시에는 청각장애 학습자를 위한 자막을 제공한다. 자막은 자동 자막 제작이 가능한 기능을 제공하는 프로그램이 있는데(예: 파워포인트, 유튜브, Overstream), 단 한국어 지원이 안되거나 정확성이 떨어질 수 있으니 반드시 테스트를 해보고 사용한다.

비대면 수업이 장시간 지속될 때 학습자가 자칫 지루해지거나 지칠 수 있으므로 다양한 활동을 통해 변화를 주면 학습효과를 높일 수 있다. 온라인 상에서 소규모 그룹 토론이나 협동학습 활동은 쉽게 지칠 수 있는 비대면 수업에서 다른 학습자와의 상호교류를 통해 활력을 얻을 수 있는 좋은 활동이다. 역할극(role play)을 통한 문제해결 과제를 수행하거나 온라인 게임을 수행하는 것도 좋은 방법이다. 비대면 수업의 장점을 활용하여 다른 곳에 있는 강사를 실시간 화상회의(예: Zoom)로 연결하여 수업이나 심포지움, 워크샵을 할 수 있다. 외국어 교육이라면 목표어를 사용하는 나라의 학교와 연계하여 **원거리 협력과제**(telecollaborative project)를 하거나 토론을 함께 하면 학습자가 실질적으로 목표어를 사용하여 의사소통을 할 수 있는 좋은 기회를 가질 수 있다. 과목의 성격에 따라 다양한 활동을 수행하면 비대면 수업이 단조로워지는 것을 막을 수 있다. 다만, 너무 복잡한 활동은 피하고, 기술적인 문제가 발생했을 때 해결방안을 제공하거나 도움을 요청할 수 있는 방법을 학습자에게 알려준다.

3. 학습분량 설정하기

비대면 수업에서의 학습분량은 대면 수업의 학습분량과 다르므로, 비대면 수업에 맞게 적절한 학습분량을 제시해야 한다. 즉, **동영상 강의 시간(running time)과 학습자의 학습시간(learning time)은 같지 않다.** 교수자의 온라인 강의 30분을 이해하고 공부하기 위해서 학습자는 3시간의 학습시간이 필요할 수도 있다(교수자 입장에서 30분 강의를 하기 위해 3시간 이상을 투자해야 하는 것과 비슷하다). 학습분량을 정할 때는 반드시 학습자의 입장에서 생각해보고 어느 정도의 학습분량이 적절하지 결정해야 한다. 비대면 수업에서는 대면 수업처럼 학습자가 학습을 잘 하는지, 수업에 참여를 잘하고 있는지 등에 대해 교수자가 직관적이고 즉각적으로 파악하기 쉽지 않다. 이에 대한 걱정 때문에 교수자는 학습분량과 과제를 늘리는 경향이 있는데, 학습자 입장에서는 대면 수업보다 학습분량이 많아지는 것은 부담스러울 것이다. 비대면 수업에서는 오히려 **학습분량을 경감**시켜주는 것이 충분한 학습을 할 수 있는 기회를 줄 수 있다. 학습분량을 정확하게 알아보기 위해서는 요일별로 간단하게 학습자가 해야 할 일을 적어본다. 이렇게 하면 일주일 동안 학습자가 해야 할 학습분량을 시각적으로 확인할 수 있다.

요일별 학습분량 산정하기 예시

주	활동	월	화	수	목	금	토/일
1	수업 (실시간)		수업 (50-75 min.)		수업 (50-75 min.)		
	개별활동	교재 읽기 (1h)		교재 읽기 (1h)		성찰일지	
	그룹활동	토론 주제 올리기 (30 min)					게시판 토론 (30 min)
	교수자 상담 활동		그룹별 상담		그룹별 상담		
2	수업 (실시간)		수업 (50-75 min.)		수업 (50-75 min.)		
	개별활동	교재 읽기 (1h)	발표주제 올리기	교재읽기 (1h)	퀴즈	에세이 작성	
	그룹활동	Case study			그룹 토론		
	교수자 상담 활동		피드백 받기		개별 상담		

4. 평가방법 설정하기

수업설계에서 고려해야 할 마지막 단계는 평가이다. 온라인에서의 평가는 평가방법, 장소, 기술적인 고려사항, 시험감독, 윤리적 문제 등 다양한 측면에서 대면평가와 다르기 때문에 수업을 설계하는 단계에서 평가방법을 정하고 **학기 초에 학습자에게** 고지해야 한다. 평가는 학습자가 학습목표를 성취했는지를 확인해야 하며, **학습활동의 유형과 평가의 유형은 일치**하는 것이 바람직하다. 예를 들어, 과업 중심이나 문제해결 중심 활동으로 수업을 진행하고 평가는 선다형으로 하는 것은 적절한 평가방식이 아니다. 과제평가는 학습활동의 연장선상에서 행해져야 한다(평가에 대한 자세한 내용은 15장을 참고한다).

그림[학습목표, 학습활동, 평가]에서 보듯이, **학습목표, 학습활동, 평가는 순환적 관계**이므로, 이 세 영역이 자연스럽게 연결되어 서로 상승효과가 일어나는 것이 가장 좋다. 아래의 [수업설계 점검표]를 이용하여 학습목표, 학습활동, 평가가 어떻게 유기적으로 연계되는지를 스스로 확인해본다. 이렇게 하면, 학습목표, 학습활동, 평가를 더 긴밀하게 연계시킬 수 있으며, 각 학습활동에 필요한 도구를 미리 예측하고 준비할 수 있다.

학습목표, 학습활동, 평가

수업설계 점검표 예시

학습결과 기대치	학습목표 및 세부목표	주제 (모듈)	학습활동	기간	교재 및 자료	도구	평가

5. 강의계획서

강의계획서는 학습목표, 학습활동, 평가방안을 되도록 상세하게 포함하여 학습자가 한 학기 수업이 어떻게 유기적으로 진행되는지에 대해 이해하고 **전체적인 그림을 그릴 수 있도록** 해주어야 한다. 학습자의 역할과 교수자의 역할에 대해서도 간단히 설명을 추가하여 학습자가 비대면 수업의 역할과 책임을 이해하도록 한다. 강의계획서에 기본적으로 포함되는 교재, 요구사항 이외에 비대면 수업에서 필요한 기술적인 안내와 주의사항, 교수자의 가상 오피스 시간, 이 수업을 성공적으로 완수하는 팁 등을 포함할 수 있다.

비대면 수업 강의계획서는 기본적으로 대면 수업 강의계획서와 비슷하나, 비대면 수업에서 각각의 강의와 활동이 **어떤 방식으로 진행되는지에 대한 상세한 설명**을 추가하는 것이 좋다. 대면과 비대면 활동이 병행된다면 이를 강의계획서에 표시하여 학습자들의 혼란을 방지한다. 학습자와 실시간으로 의사소통을 자주 하지 않는 동영상 강의라면 활동이나 과제의 마감일을 표시해준다. 학습관리 시스템을 사용하고 있다면 마감날을 LMS 캘린더에 표시를 해두어 학습자들이 마감날을 놓치지 않도록 한다. [수업설계 점검표]를 작성하였다면 이를 보완·변경하여 강의계획서를 만들면 된다.

6. 학습자료

비대면 수업에서는 학습자료를 **디지털**로 준비하면 학습자가 사용하기 편하다. 책과 e-book이 함께 있는 교재를 선정하거나 PDF 파일로 준비하면 학습자들이 더 편리하게 접근할 수 있다. 학습자료는 텍스트 자료 이외에도 **다양한 멀티미디어 자료**를 활용하면 학습자의 학습동기와 흥미를 높이는데 도움이 된다. 멀티미디어 자료를 활용하면 다양한 인지성향의 학습자들이 내용을 이해하는데 도움이 된다.

비대면 학습의 장점 중 하나는 학습자 수준별 자기주도적 학습이 가능하다는 것인데, 이러한 장점을 살릴 수 있으려면 **다양한 수준의 학습자료**를 제공해야 한다. 수업 이외의 내용에 대해서 더 학습하고자 하는 학습자들을 위한 학습자료나 웹 링크, 그리고 학습내용이 어려울 수 있는 학습자들을 위한 자료들을 올려놓는다. 학습자료가 많아지면 수준별로 [기초], [심화]로 표시하여 올려주면 학습자가 자신의 수준에 맞는 자료를 찾는데 도움이 된다. 웹 사이트가 없어지는 경우가 종종 있으므로 올려놓은 웹 링크가 제대로 작동하고 있는지 확인해야 한다.

Chapter
3

블렌디드 러닝 설계

1. 블렌디드 러닝의 이해

블렌디드 러닝(blended learning)은 대면과 비대면을 혼합하여 수업하는 방식이다. 수업이 80%이상 온라인으로 진행되는 것을 '온라인 수업'이라고 정의하기도 하는데, 꼭 그런 비율이 중요하기보다는 온라인과 오프라인을 모두 활용하면 블렌디드 러닝이라 할 수 있다.

블렌디드 러닝에서는 대면 수업만 하거나 비대면 수업만 하는 경우에 비해 더 다양한 학습활동을 할 수 있으며, 학습의 유연성이 높아지고, 심화학습과 개별화 학습을 하기에도 적합하다. 교수자도 온라인 게시판에 참여함으로써 대면 수업에 비해 학습자 공동체의 일원이 되기가 용이하다. 또한, 대면과 비대면 양쪽의 채널을 활용하여 교수자-학습자, 학습자-학습자 간의 상호작용을 극대화할 수 있다. 따라서 블렌디드 수업설계의 핵심은 학습을 대면과 비대면 활동을 상호보완적으로 구성하여 학습효과를 극대화시키는데 있다.

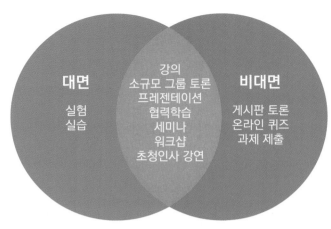

블렌디드 러닝 학습활동

그림[블렌디드 러닝 학습활동]은 온라인과 오프라인에서 각각 가능한 학습활동과 양쪽 모두에서 가능한 학습활동의 예시를 보여주고 있다. 이를 참고로 수업의 강의계획서에서 어느 부분을 온라인으로 전환해야 학습효과를 높일 수 있는지 살펴보고 온라인 활동을 결정한다. 그러나 같은 활동이라고 하더라도 온라인에서 이루어질 때와 오프라인에서 이루어질 때 학습자와 학습 커뮤니티, 과목 등에 따라 학습자 간의 역학이나 학습효과 등이 달라질 수 있음을 염두에 두어야 한다. 예를 들어, 토론은 오프라인 토론, 실시간 화상 토론, 비실시간 게시판 토론이 가능한데, 각각의 효과는 학습자, 교수자, 학습내용, 환경 등에 따라 달라진다. 따라서 활동을 온라인으로 전환할 때는 이러한 모든 부분을 염두에 두고 결정을 해야 한다.

블렌디드 수업 설계에서는 다음과 같은 사항을 고려한다.

- 학습(예: 강의, 활동, 과업)의 어느 부분을 온라인으로 할 것인가?
- 전체 한 학기 강의와 학습분량 중 몇 퍼센트 정도를 온라인으로 할 것인가?
- 대면 수업 간의 간격(interval)을 어느 정도 둘 것인가?
- 상호작용은 어떻게 할 것인가?
- 학습시간 관리는 어떻게 할 것인가?
- 평가는 온라인 혹은 오프라인 중 어느 쪽으로 할 것인가?

2. 블렌디드 러닝의 예시

블렌디드 러닝은 다양한 형태가 가능하며 온라인과 오프라인의 분배에 따라서도 학습효과가 달라진다. 블렌디드 러닝의 가능한 형태를 살펴보고 그 중에서 적합한 수업형태를 선택하거나 변형 또는 혼합하여 운영해야 하는 수업에 적합한 블렌디드 수업을 만들어 운영한다. 블렌디드 수업을 설계할 때는 온라인과 오프라인을 상호보완적으로 설계하여 학습이 효율적이고 효과적이 되어야 한다.

1) 보완적 모델(Supplemental model)

보완적 모델에서는 대면 수업의 분량을 줄이지 않은 상태에서 온라인 활동을 보완적으로 활용한다. 부수적이라고 해도 전체 학습목표에 부합해야 하며 오프라인 학습활동과 조화를 이루어야 하므로 세심하게 계획해야 한다. 이 모델에서는 온라인 학습활동을 추가하여 오프라인에서 부족한 학습을 보충하고, 학습자에게 유연적인 학습을 할 수 있도록 한다. 또한, 성찰과 사고를 통해 학습을 심화할 수 있다는 장점이 있다.

2) 거꾸로 학습(Flipped learning)

거꾸로 학습은 블렌디드 러닝의 한 형태로 보기보다는 대면 수업의 보조 형태로 보는 경우가 많다. 그러나, 거꾸로 학습도 블렌디드 러닝의 모델로 충분히 활용이 가능하다. 거꾸로 학습은 온라인 학습이 추가됨으로 오프라인 수업시간이 줄지 않는다는 점에서는 보완적 모델과 비슷하나, 거꾸로 학습에서는 수업에서 배울 강의내용을 미리 동영상 등으로 배우고 교수자의 퍼실리테이션이 필요한 부분을 오프라인으로 진행한다는 점에서 차이가 있다. 거꾸로 학습에서는 과업이나 과제, 토론, 협동학습 등을 주로 오프라인에서 진행함으로써 상호작용과 의사소통, 피드백을 촉진할 수 있다. 또한, 교수자-학습자, 학습자-학습자 간의 상호작용이 면대면으로 이루어지기 때문에 공동체 형성에도 유리하다. 강의 동영상과 학습자료를 온라인에 탑재해놓기 때문에 학습자가 필요에 따라 반복학습을 하거나 자신의 학습 속도에 맞추어 학습할 수 있다는 장점이 있다.

3) 플렉스 모델(Flex model)

플렉스 모델에서 학습자는 주로 온라인으로 수업과 학습활동을 하고, 필요에 따라 교수자가 오프라인에서 개별적으로 퍼실리테이션을 해준다. 학습자는 온라인에서 자기주도적으로 학습을 하고 모르는 부분이 생기거나 교수자의 피드백이 필요한 부분에 대해서는 교수자와 직접 만나서 의사소통을 할 수 있기 때문에 온라인 수업의 단점을 보완할 수 있는 좋은 모델이다. 개별화 학습이 가능한 동시에 학습에 대한 불안감을 덜어주고 교수자-학습자 간의 상호작용을 증진시킨다.

4) 로테이션 모델

온라인 수업과 오프라인 수업을 규칙적으로 교대로 진행하는 모델이다. 로테이션 모델에서는 학습자는 주로 자기주도적으로 자신의 학습 속도에 맞추어 학습을 진행하고 오프라인 수업에서는 그 날에 주어진 활동을 수행한다. 로테이션 모델은 방식에 따라 스테이션 로테이션 모델(station-rotation model: 온라인 학습과 교실에서의 모둠별 활동을 돌아가면서 진행하는 모델), 랩 로테이션 모델(lab-rotation model: 온라인 학습과 실험실 활동을 돌아가면서 진행하는 모델), 개별 로테이션 모델(individual-rotation model: 개별적으로 온라인 수업과 오프라인 수업을 하는 모델) 등이 있다. 개별 로테이션 모델은 플렉스 모델에 비해 개별화, 맞춤형 학습에 더 초점을 두고 있어서 개별 학습자의 학습 스케줄과 학습활동 선택에 진행이 가능하다. 개별 로테이션 모델은 심화학습에 자주 활용된다.

블렌디드 러닝의 형태를 결정하고 나면, 학습자에게 운영방식에 대한 충분한 설명을 해주어 학습자가 혼란스럽지 않도록 해야 한다. 강의계획서에 어느 날이 온라인 혹은 오프라인인지 표시를 해주어야 하며, 과제 제출이나 평가방식에서도 온라인과 오프라인을 표시해 준다(온라인, 오프라인을 표시하는 아이콘을 만들어 강의계획서에 표시해도 된다). 학습자의 혼란을 피하기 위해서는 계획대로 온라인과 오프라인 수업을 운영하는 것이 바람직하다.

TIP | 성공적인 온라인 수업 설계 팁

1. 온라인 강의 내용은 **간략하고 명료하게** 만든다. 또한 학습내용이나 강의를 긴 하나의 동영상으로 만들기보다는 **여러 개의 짧은** 동영상(마이크로러닝, micro learning)으로 만들어 제시하는 것이 효과적이다.

2. 강의식 수업에서 탈피하여 발표, 소그룹 토론, 과제중심 학습, 게임기반 학습, 협력학습 등 다양한 학습활동으로 구성하여 학습자의 흥미와 동기를 높이고 **학습자 중심**의 수업으로 만든다.

3. 온라인 수업에서는 학습자가 정서적으로 외로움을 느끼게 된다. 따라서 온라인 상에서의 **상호작용과 공동체 형성**은 성공적인 온라인 수업에서 중요한 역할을 하므로, 상호작용을 극대화할 수 있도록 다양한 의사소통 채널을 열어주고 학습자와의 개별 면담을 진행한다.

4. 수업 중이나 수업 밖에서 교수자에게 질문하고 상담할 수 있는 시간과 공간 (virtual office)을 제공한다.

5. 짧은 **"환영인사 동영상"**(welcoming message)을 만든다.

6. **디지털 학습자료와 교재**를 사용하고 컴퓨터에서 수행할 수 있는 과제를 내주는 것이 효율적이다.

7. **교수자의 역할**을 스스로 정의해 본다. 수업설계자, 퍼실리테이터, 평가자, 학습 공동체의 일원, 학습 관리자 및 관찰자와 같은 다양한 역할을 수행하는 것이 이상적이다.

8. **학습목표**를 명확하게 정리하고 학습자가 이해하기 쉬운 용어로 전달하여 학습 목표에 대해 학습자와 공감대를 형성한다.

9. **평가방식**을 결정해야 한다. 온라인 수업에서는 표준화된 방식의 시험보다 포트 폴리오 방식의 과제기반 형성평가를 실시하는 것이 바람직하나, 과목 특성, 학습자 특성, 환경 등을 고려하여 가장 적합한 평가 형태를 선택한다.

10. 수업이 계획했던 대로 진행되지 않는다면, **유연성과 융통성**을 가지고 계획을 수정해야 한다. 수업 중반 즈음에 학습자들의 의견을 들어보고 수정보완하면 남은 학기를 더 성공적으로 만들 수 있다.

PART 2

효과적인
테크놀로지
활용하기

비대면 수업은 교수자의 강의가 있는 경우와 강의가 없는 과제·토론형 수업이 있다. 해외 대학에서는 교수자의 강의 없이 과제나 토론으로만 수업이 진행되는 경우가 빈번하나, 우리나라에서는 대부분 어떤 형태로든 강의가 포함되는 것이 일반적이다.

온라인 강의는 크게 실시간 강의와 비실시간 강의로 나뉘는데, 우위적 효과성에 대해서는 연구결과가 일치하지 않는다. 즉, 실시간 강의가 더 효과적이라는 보고와 비실시간 강의가 더 효과적이라는 보고가 모두 다 존재한다. 따라서 둘 중 어느 형태가 더 효과적이라고 단정적으로 말하기 보다는, 수업의 목적과 교수자의 설계와 운영, 교수법에 따라서 수업의 결과가 달라지는 것이라고 보는 것이 합리적일 것이다.

실시간과 비실시간 강의의 장단점을 이해하고, 강의의 목적에 가장 적합한 수업의 형태를 선택하는 것이 성공적인 비대면 수업의 시작이 될 것이다.

실시간과 비실시간 강의는 각각 장단점이 있는데 이를 요약하면 다음과 같다.

실시간과 비실시간 온라인 강의 장단점

	장 점	단 점
비실시간	학습자의 상황(시간, 공간)에 따라 융통성 있는 학습이 가능함. 학습자의 수준에 따라 학습시간을 조정할 수 있으며, 반복학습이 가능함. 학습내용에 대해 충분히 생각할 시간을 갖고 질문과 과제에 임할 수 있음. 기술적으로 접근성이 좋고, 기술적인 문제도 상대적으로 덜 생기며 문제를 해결할 수 있는 시간적 여유가 있음. 교수자가 시간적 여유를 갖고 계획에 따라 질 높은 동영상을 제작할 수 있음.	수업시간이 일정하게 설정되어 있지 않아서 학습의 일상이 지켜지기 어려우며, 수업을 계속 미룰 수 있음. 자기주도적 학습 능력이 부족하거나 연령이 낮은 학습자는 학습관리에 어려움을 겪을 가능성이 높음. 학습자-교수자, 학습자-학습자 간의 상호작용과 의사소통이 즉각적이지 않으며, 이로 인해 불편함이 발생하거나 학습효과가 저하될 수 있음.
실시간	수업시간이 규칙적이므로 학습의 일상을 유지할 수 있음. 상호작용과 피드백, 의사소통이 즉각적임. 수업내용에 대한 질문을 바로 할 수 있음. 교수자와 학습자의 실재감이 높음. 교수자를 볼 수 있다는 점에서 학습에 대한 집중도가 높아짐. 교실 수업과 가장 비슷한 형태라서 더 인간적인 수업이라고 느낌.	기술적인 문제가 발생했을 때 수업이 지연됨. 교실 수업과 마찬가지로 몇몇의 학생들이 토론이나 답변, 발표에서 우위를 점할 수 있음.

2부에서는 비실시간 수업의 대표적 유형인 동영상 강의 콘텐츠 제작과 실시간 화상 수업 활용을 설명하고 있다. 또한 학습관리 시스템과 상호작용 시스템 활용에 대해 소개한다.

Chapter
4

동영상 강의 콘텐츠 제작

1. 동영상 강의의 특징

동영상 강의는 교수자가 제작하는데 시간을 충분히 들일 수 있기 때문에 양질의 계획된 강의를 만들 수 있다. 간단히 데스크톱 컴퓨터나 스마트폰으로도 사용해서 제작할 수도 있고, 여건이 허락한다면 인프라가 갖추어진 교실이나 스튜디오에서 동영상을 만들 수도 있다. 주어진 여건에 맞춰서 가능한 동영상 강의의 형태를 선택해서 제작하면 된다.

동영상 강의가 비실시간이라는 특징은 학습자 입장에서는 양날의 검과 같다. 즉, 원하는 시간과 장소에서 수강할 수 있고, 자신의 학습 속도에 맞춰서 학습이 가능하며, 반복시청이 가능하다는 점은 장점이다. 반면, 자기주도적 학습이 잘 되지 않고 미루는 습성의 학습자에게는 비실시간이라는 특징이 단점으로 작용하여 제대로 학습이 진행되지 않을 수 있으므로, 동영상 강의만으로 수업을 진행하는 경우에는 특히 학습진행 상황 모니터링에 더 신경을 써야 한다.

2. 파워포인트로 동영상 강의 제작하기

동영상 강의를 제작하는 방법과 도구는 다양한데, 파워포인트를 사용하면 가장 손쉽게 제작할 수 있다. 평소 강의에 사용하는 파워포인트 파일에 설명을 녹음하는 방법이다.

① 메뉴 탭에서 [슬라이드 쇼]에서 [슬라이드 쇼 녹화]를 선택한다. [처음부터 녹음 시작]과 [현재 슬라이드에서 녹음 시작]이 있는데, 처음 시작할 때는 [처음부터 녹음 시작]을 선택한다.
이 때 미리 카메라와 마이크가 컴퓨터와 제대로 연결되어 있는지 확인한다.
녹음 시작 전에 [미리보기]를 하여 모든 것이 제대로 설정되어 있는지 확인한다. 외장 마이크와 웹캠을 사용하면 해상도와 음질이 더 우수하다.
교수자의 얼굴을 나오지 않게 하려면 오른쪽 하단의 비디오 아이콘을 클릭하여 비디오를 끈다. 마이크 아이콘을 클릭하면 마이크를 끌 수 있다.

파워포인트에서 녹음 시작하기

파워포인트에서 마이크/카메라 설정하기

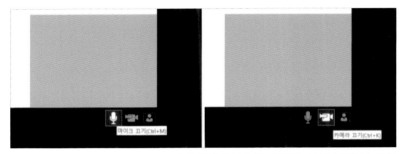

파워포인트에서 마이크/카메라 활성화 선택(우측 하단)

녹화가 시작되면 미디어 콘트롤 바가 생성되는데 화살표를 누르면 다음 슬라이드로 넘어가므로, 슬라이드 별로 넘기면서 녹음을 하면 쉽게 파워포인트 동영상 강의를 제작할 수 있다.

강의 중에 슬라이드 아래쪽 툴에서 밑줄을 치거나 레이저 포인터를 사용하면 화이트보드처럼 활용 가능하다. 슬라이드에는 녹음시간 타이밍이 표시된다.

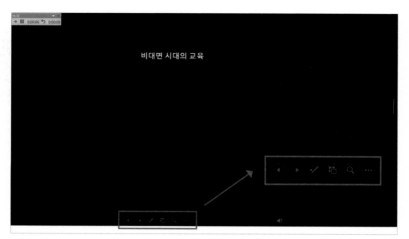

파워포인트에서 밑줄, 설명, 포인터 도구 사용하기

녹음을 중지하려면 좌측 상단 미디어 콘트롤 바에서 중지 버튼을 누르면 되고 녹음이 끝나면 [Esc]를 눌러서 슬라이드 쇼를 마친다.

녹음이 삽입된 슬라이드에는 스피커 아이콘이 생기는데, 이 아이콘을 누르면 녹음을 재생해서 들을 수 있다.

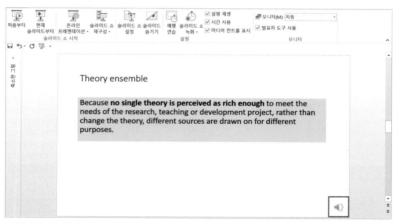

파워포인트 녹음 생성

② 중간 슬라이드부터 녹음을 시작하고자 하면 원하는 슬라이드
로 가서 [현재 슬라이드부터 시작]을 선택하고 녹음을 다시 시
작한다.

③ 지우고 싶은 녹음이 있으면 [슬라이드 쇼] → [지우기]를 선택
하고 원하는 옵션을 선택한다. 녹음은 슬라이드 별로 저장되므
로 다시 녹음하고 싶은 슬라이드를 선택해서 지운다.

파워포인트에서 녹음 지우기

④ 슬라이드쇼를 실행하거나 [시간 및 설명 미리보기]를 하여 녹화
와 녹음이 제대로 되었는지 확인한다.

⑤ 녹화가 끝나면 메뉴에서 [파일] → [공유]에서 원하는 옵션을
선택하여 공유한다. [공유]를 선택하면 인터넷 사이트에서 해당
파일을 바로 공유할 수 있다.

비디오로 만들어 내 컴퓨터에 저장하여 사용하고자 하면 [내보
내기]를 선택하여 비디오 파일로 저장한다. 이 때 [기록된 시간
및 사용 설명]이 활성화되어 있는지 확인해야 한다.

파워포인트 녹화 저장하기

3. 컴퓨터 화면 녹화하기

1) 파워포인트로 화면 녹화하기

수업을 하다 보면 동영상 강의 영상 외에도 컴퓨터 화면을 녹화해야 할 때가 있다. 화면 녹화도 파워포인트를 사용하면 된다.

메뉴에서 [삽입] → [화면녹화]를 선택하면 영역을 선택할 수 있는 팝업 창이 나온다. [영역선택]을 클릭하여 화면에서 녹화를 하고 싶은 부분에 커서를 두고 드래그하여 영역을 선택한 후 [레코드]버튼을 눌러서 녹화를 시작한다. 녹화를 일시 중지하려면 [일시 중지](또는 Windows 로고 키 + Shift + R), 다시 시작하려면 [레코드](또는 Windows 로고 키 + Shift + R), 끝내려면 [중지](또는 Windows 로고 키 + Shift + Q)를 클릭한다. 녹음/녹화가 끝난 미디어 파일은 바로 파워포인트에 삽입된다.

녹화/녹음된 미디어 파일을 파워포인트 밖에서도 사용하기 위하여 따로 저장을 하려면, 비디오 프레임에 커서를 올리고 마우스 우측 버튼을 클릭하면 팝업 창이 나타나는데 여기서 [미디어를 다른 이름으로 저장]을 클릭하고 저장한다. 같은 방법으로 스크린 캡쳐도 할 수 있는데 메뉴에서 [스크린샷]을 선택하여 스크린에서 원하는 영역을 드래그하면 바로 파워포인트에 삽입된다.

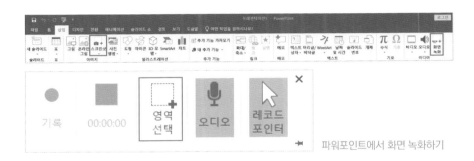

파워포인트에서 화면 녹화하기

파워포인트에서 [트리밍]기능을 활용하면 화면 녹화한 비디오를 원하는 영역만 잘라서 사용할 수 있다.

녹화한 비디오 프레임에 커서를 올리고 마우스 우측 버튼을 클릭하면 작은 팝업 창이 뜨는데, 창에서 [트리밍]을 선택한다.

비디오 맞추기 창이 뜨면 비디오 프레임 아래에 있는 영역 선택 바를 이용하여 원하는 시작 부분과 종료 부분에 드래그해서 맞춘다. 또는 시작 시간과 종료 시간을 지정해도 된다.

원하는 영역이 제대로 트리밍되었는지 실행시켜서 확인한 다음 [확인]버튼을 누른다. 비디오 프레임을 마우스 우측 버튼 클릭하여 나타나는 팝업 창에서 스타일을 선택하면 비디오 프레임에 다양한 스타일을 적용할 수 있다.

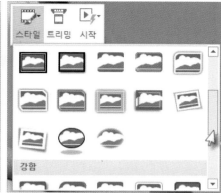

파워포인트 비디오 트리밍하기　　　파워포인트 비디오 프레임 스타일 적용하기

2) 윈도우 내장 기능으로 화면 녹화하기

파워포인트 외에도 MS Windows에 내장된 기능을 사용하면 쉽게 화면을 녹화할 수 있다. Windows 10 이상에서는 Window 버튼을 누른 상태에서 G 버튼을 누르면 아래 그림[Windows 내장 기능 사용하여 화면 녹화하기]와 같이 내장된 화면 동영상 기능을 사용할 수 있다. 녹화 버튼을 누르면 녹화가 시작되는데, 이때 사운드를 제외하고 녹화하고자 하면 마이크 버튼을 클릭하여 비활성화 시킨다.

녹화가 시작되면 미디어 콘트롤바가 생성되는데 녹화가 끝나면 Stop 버튼을 클릭한다. [모든 캡쳐 표시]를 클릭하면 녹화된 파일을 볼 수 있는데, 이 중에서 사용할 파일을 선택한다.

Windows 내장 기능으로 화면 녹화하기

TIP | 강의 동영상 제작 팁

1 강의 전체를 하나의 동영상으로 만들지 말고, **10분 이내의 짧은 동영상** 여러 개로 나누어 만든다. 이렇게 하면 제작 시 오류가 생길 때 전체를 다시 만들지 않아도 되며, 다음에 다시 사용하게 될 때 재조직화하기가 용이하다.
   또한, 학습자 입장에서도 긴 강의를 한 번에 듣는 것보다 짧은 강의를 주제별로 보는 것이 학습에 더 집중할 수 있다.

2 강의내용은 명료하고 짧고 간단한 것이 좋다. 비대면 비실시간 일방향 강의인 경우 교수자가 학습자의 내용 이해, 학습진행, 질문 등을 바로 파악할 수 없으며, 즉각적인 의사소통과 피드백도 불가능하기 때문에 되도록 쉽고 간단하게 설명을 해야 한다.
   모든 것을 다 설명하기보다는 필요한 **핵심 개념 중심**으로 설명을 하고 예시를 제시하는 것이 효과적이다.

3 파워포인트를 사용할 때 텍스트를 한 슬라이드에 너무 많이 넣지 않는다. 텍스트를 한번에 다 제시하기보다는 설명할 때마다 **차례대로 나오게** 하는 것이 학습내용에 집중하기가 쉽다.
   메뉴에서 [애니메이션] 기능을 사용하여 텍스트를 순차적으로 나타나거나 사라지게 함으로써 설명하고자 하는 내용에 더 집중할 수 있고, 학습자도 한 번에 너무 많은 텍스트를 보지 않아도 된다.

4 강의 동영상에서 되도록 교수자가 보이는 것이(visible) 교수 **실재감**(teaching presence)을 높이고 학습자의 몰입감(engagement)을 높일 수 있다.
   동영상에서 교수자가 항상 나오는 것이 부담스럽다면, 동영상 시작과 끝의 인사 정도는 직접 교수자가 나와서 인사를 하는 것을 추천한다.

5 강의자료와 동영상은 접근성이 좋은 **일반적인 포맷**(예: 파워포인트, PDF, mp, mov.)을 사용해야 한다.

6 강의를 시작하면서 그 날 할 **수업에 대한 로드맵**을 명확하게 제시하여야 한다.

7 가끔 학습자에게 질문을 하거나 **대화 방식**으로 진행하여 학습자에게 생각을 할 기회를 주어 쌍방향인 것과 같은 느낌이 들게 하는 것이 바람직하다.
   질문은 성찰적인 질문이거나 호기심을 자극하는 질문, 소크라테스식 질문이면 더 효과적이다. 또한, 유머를 던지는 것도 학습을 유지시키는데 도움이 된다.

8 수업을 마무리할 때 **요약 슬라이드**를 보여준다.

9 가끔 실시간 **화상 강의를 병행**하면 실재감과 상호작용을 상승시켜 긍정적인 학습효과를 기대할 수 있다.
   화상 강의는 학습자가 교수자에게 직접 물어보고 바로 피드백을 받을 수 있어서 신속한 의사소통을 촉진하여 학습자의 학습에 대한 질문과 불안감을 해소할 수 있는 통로이다.

Chapter
5

실시간 화상 수업

1. 실시간 화상 수업의 특징

　실시간 화상 수업은 서로 볼 수 있고, 실시간으로 의사소통을 할 수 있다는 점에서 대면 수업과 가장 근접한 비대면 수업의 형태이다.

　화상 수업은 실시간으로 진행되기 때문에 동영상이나 과제기반 수업에 비해서 일반적인 대면 수업의 특성을 유지한다는 장점이 있다. 특히, 동영상 강의의 경우, 자기주도적 학습력이 부족한 학습자는 학습을 계속 미루어 학습이 제대로 되지 않는 문제가 발생하는데, 화상 수업에서는 이런 문제를 줄일 수 있다. 또한, 교수자와 학습자가 직접 온라인상에서 얼굴을 보면서 말을 하기 때문에 비대면 수업에서 결여되기 쉬운 인간적 교류와 친밀감을 형성하는데 도움이 된다. 교수자 입장에서 학습자의 표정이나 반응을 즉각적으로 확인할 수 있기 때문에 학습자와 학습진행을 파악할 수 있는 기회가 되고, 학습자에게 즉각적인 피드백을 줄 수 있다.

　화상 수업은 다른 학습자와 만나서 직접적인 의사소통을 할 수 있고 대면과 비슷한 느낌으로 협동학습, 토론, 상호작용을 할 수 있기 때문에, 동영상 강의에 비해 더 활기차고 역동적이다.

실시간 화상 수업의 단점은 기술적인 문제가 발생했을 때 문제를 빨리 해결하지 못하면 수업이 지연되거나 제대로 진행되지 못할 수 있다는 것이다. 특히, 인터넷 접속에 문제가 생기는 경우 수업에 참여를 하지 못하거나 중간에 끊기는 경우가 발생할 수 있다. 학습자의 대부분이 비대면 수업을 자택에서 참여하기 때문에 자택의 환경도 학습에 영향을 줄 수 있다. 인터넷 접속 문제뿐 아니라 컴퓨터와 웹캠, 마이크 등과 같은 하드웨어에서 문제가 발생할 수도 있으며, 자택이라는 공간적 문제가 생길 수도 있다. 실시간 화상 수업은 기술적인 문제나 기타 이유로 수업에 참여하지 못 하면 수업을 놓치게 된다.

동영상 강의는 시간과 장소에 관계없이, 그리고 반복적으로 들을 수 있는 장점이 있는 반면, 실시간 화상 수업은 다시 들을 수 없다는 단점이 있는데 수업 후에 수업 녹화 동영상을 다시 제공하면 이런 단점을 보완할 수 있다. 특히 어려운 학습내용을 다루고 있다면 화상 수업 녹화동영상을 제공하면 학습에 도움이 된다. 이때 참여자의 초상권이 침해 받지 않도록 미리 편집을 하거나 동의를 구하는 것이 필요하다. 또한, 학습자에게도 다른 학습자들이 보이는 수업동영상을 온라인에 올리거나 다른 용도로 사용하지 않도록 주의를 줘야 한다.

2. 실시간 화상 수업 시작하기

많은 실시간 화상 강의 프로그램이 사용되고 있는데, 이 중에서

Zoom, Webex*, 구글 Meet**, Hangouts***이 가장 빈번하게 사용되는 프로그램이다. 각 프로그램은 기능상 다소 차이가 있기는 하지만, 기본적으로는 비슷하게 운영된다. Zoom과 Webex를 사용하는 경우에는 소프트웨어를 먼저 설치해야 한다. 구글 Meet나 Hangouts은 구글 사이트에서 별도의 설치 없이 바로 사용 가능하다. 모두 모바일 앱에서도 설치하여 사용할 수 있다. 그러나 모바일 앱에서는 기능이 PC보다 제한적이므로 교수자는 PC에서 수업을 해야 하고, 학습자들도 되도록 PC를 사용할 것을 독려한다.

PC에 프로그램을 설치해서 사용하는 방법은 아래와 같다(Zoom 예시).

① 사용하고자 하는 화상 회의 프로그램 사이트****로 접속해서 다운로드를 받은 후 [install]을 눌러서 설치를 시작한다.
② 설치가 완료되면 프로그램을 열고 ID와 비밀번호를 설정한다.
③ 인터넷 접속 여부, 마이크(input), 오디오(output), 비디오가 제대로 작동하고 있는지 확인한다. 오디오에 잡음이 많이 들리면 컴퓨터 내장 마이크나 오디오 대신 헤드세트를 사용해 본다.
④ 컴퓨터에 복수의 마이크, 오디오, 카메라가 연결된 경우에는 화면 왼쪽 하단의 오디오와 비디오 탭을 누르면 각각의 장치 목록이 보이므로 이 중에서 사용하고자 하는 장치를 선택한다.
⑤ 필수적인 것은 아니나, 조명을 미리 조정하면 화면에서 교수자

*   webex.com
**   meet.google.com
***   hangouts.google.com
**** zoom.us

가 너무 어둡게 나오거나 얼굴이 안 보이는 문제를 피할 수 있다. 조명은 교수자의 앞쪽에 있어야 하며, 조명이나 자연광(예: 창문)이 교수자의 뒤쪽에서 비치게 되면 얼굴이 어둡게 나와서 표정이 학습자에게 제대로 전달이 되지 않는다.

⑥ 배경에 무엇이 나올지에 대해서도 미리 생각을 해봐야 한다. 만일 자택에서 화상 강의를 진행하는 경우에 원하지 않는 배경이 들어갈 수도 있으므로 이 부분에 대한 고려도 필요하다.

Zoom은 화면 하단 왼쪽에 비디오 탭을 누르면 [가상 배경 선택]탭이 나오는데, 그 탭을 누르면 실제의 배경 대신 가상 배경을 선택할 수 있다. 그러나 가상 배경은 실제 배경의 조도와 색상에 따라 제대로 작동하지 않을 수 있으므로 가상 배경을 사용하고자 하면 미리 확인해야 한다.

Zoom의 메뉴

⑦ 한 학기 온라인 수업에서 사용하고자 하면 [+]를 눌러 [회의 예약]에서 필요한 정보를 기입하면 된다. 수업 제목과 함께 수업 일시와 시간 등을 설정하고 [되풀이 회의]를 선택하면 같은 요일 같은 시간에 반복적으로 회의가 자동적으로 열리게 된다.

Zoom 회의 예약하기

⑧ 회의를 생성하고 난 이후에 해당 회의의 설정을 바꾸고자 하면 [회의] 화면에서 [편집] 탭으로 들어가면 된다. 여기에서는 회의에 비밀번호를 부여할 수 있으며, 오디오와 비디오 옵션을 선택할 수 있다. 필요한 경우에는 고급옵션을 열어서 대기실 사용 여부, 호스트 전 참가 사용 여부, 참가자 음소거 등의 옵션을 선택한다. 고급 옵션에서 회의 자동 기록을 선택하면, 모든 회의를 자동으로 기록하게 되는데, 기록을 클라우드와 내 컴퓨터 중 어디에 저장할 것인지 선택할 수 있다.

Zoom에는 대체 호스트 기능이 있는데, 교수자가 다른 사람에게 강의 호스트 권한을 부여할 수 있는 기능으로, 대체 호스트의 이메일을 기입하면 된다.*

⑨ 회의 생성이 완료되면 [초대 복사]를 클릭하여 복사된 내용을 학습자들에게 발송한다.

3. 실시간 화상 프로그램의 기능

Zoom 화면 하단에 여러 기능이 있는데, 이를 잘 활용하면 수업을 훨씬 더 효과적으로 운영할 수 있다.

음소거　이 탭을 클릭하면 내 오디오의 음을 소거하여 다른 사람들에게 들리지 않도록 할 수 있다. 또한 이 탭에서는 오디오의

---

* 　대체 호스트 기능은 호스트 기능과 다르다. 대체 호스트는 교수자가 출장 등으로 수업을 못 하는 경우 대신 수업을 할 수 있도록 수업 전체 기능을 부여하는 것이다.

여러 가지 설정을 변경할 수 있다.

비디오 중지/해제 내 비디오를 콘트롤하는 탭으로 다른 사람에게 내 비디오를 보이게 하거나 보이지 않게 하는 탭이다. 이 탭을 누르면 비디오에 대한 여러 가지 설정을 변경할 수 있다.

예를 들어, HD 활성화, 내 비디오 미러링과 수정 필터 사용 여부, 참가자 이름 표시 기능, 미리보기 대화 상자 표시, 회의 시작 시 비디오 사용 여부 등을 설정할 수 있다.

참가자 참가자 탭을 누르면 수업에 참여하고 있는 참가자의 이름이 모두 보인다. 참가자 이름을 누르면 각 참가자의 음소거를 할 수 있고 모든 참가자의 음소거를 하고자 하면 참가자 이름이 표시되는 영역의 하단에 있는 [모두 음소거]를 선택하면 된다.

설문 조사 설문지를 웹에서 생성한 후 Zoom 으로 수업을 하는 중에 학습자가 설문에 답할 수 있는 기능이다. 수업 중 주의 집중을 확인하기 위하여 간단한 내용 점검에 활용하거나 LMS와 Zoom이 연동되지 않는 경우에 출석 확인을 할 때 활용할 수 있다.

채팅 참가자 간 서로 텍스트 기반 채팅을 주고 받을 수 있는 기능이다. 전체 참가자에게 보낼 수도 있고 특정 참가자를 클릭하여 그 참가자에게만 보낼 수도 있다. 수업 내용과 관련된 리소스나 링크를 보낼 수 있으며, 특정 참가자에게 답변을 독려하거나 개별적인 코멘트를 보낼 수 있다. 학습자도 채팅으로 교수자에게 질문을 보낼 수 있다.

화면 공유 Zoom에서 회의를 시작하면 화면에서 참가자의 얼굴(비디오를 끈 경우는 이름)이 보이는데, 화면 공유를 시작하면 내 컴퓨터 화면을 공유할 수 있다. 화면 공유 탭을 누르면 현재 내 컴퓨터에 열려 있는 파일이 보이는데, 여기에서 보여주고자 하는 파일을 클릭하면 학습자들에게 보이게 된다.

학습자도 발표 시에 화면 공유가 필요한데, 학습자가 화면 공유를 하려면 화면 공유 설정에서 다른 참가자들도 화면 공유가 가능하도록 설정을 해야 한다.

컴퓨터 소리를 공유하고자 하면 하단의 [컴퓨터 소리 공유]를 클릭한다. 상단의 [고급]탭을 누르면 화면에서 영역을 설정하여 공유를 하거나 [컴퓨터 소리만]공유를 할 수 있다.

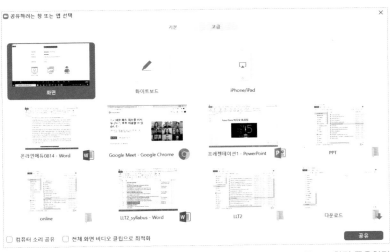

Zoom 화면 공유하기

화이트보드   화면 공유 기능에서 사용할 수 있는 기능으로, 칠판과 같은 역할을 한다. 텍스트를 쓰거나 줄을 긋고 간단한 그림을 그릴 수 있는데, 이러한 기능은 워드 문서를 사용하는 방법과 흡사하므로 손쉽게 사용할 수 있다.

화이트보드 이미지

기록 수업의 전 과정을 녹화할 수 있는 기능으로, 내 컴퓨터와 클라우드 중 선택하여 기록을 저장할 수 있다. 녹화된 수업은 같은 수업을 분반하여 운영하는 경우나, 실시간 수업에 참여하지 못한 학습자를 위한 다시 보기 강의 자료로 사용할 수 있어서 편리한 기능이다.

소회의실 이 탭을 클릭하면 소회의실을 만들 수 있는데, 몇 개의 회의실을 만들 것인지, 참가자를 자동 또는 수동으로 회의실에 할당할 것인지를 설정한다. 자동 할당인 경우에는 수업에 참가하고 있는 학습자들이 각 회의실에 무작위로 할당되고, 수동 할당을 선택하면 교수자가 각각의 참가자를 각 회의실에 할당해줄 수 있다.

브로드캐스트 학습자들이 소회의실에 있는 경우 모든 학습자들에게 메시지를 보낼 수 있는 기능이다. 예를 들어, 소그룹 토론을 5분 내로 마치고 메인 세션으로 돌아오라는 메시지를 브로드캐스트로 보내면 각 소회의실에 있는 모든 학습자들이 볼 수 있으므로, 각 회의실을 방문하면서 메시지를 전달하는 수고를 할 필요가 없다.

손들기 교수자와 학습자가 다른 회의실에 있을 때 학습자가 교수자를 부를 수 있는 기능이다. 즉, 교수자는 소회의실 1에 있고 지원이 필요한 학습자는 소회의실 2에 있을 때 이 기능을 사용하면 된다. 학습자들이 자주 사용하는 기능이라는 것을 알아둘 필요가 있다.

4. 실시간 화상 수업의 전략

실시간 화상 수업은 온라인 수업 유형 중 대면 수업과 가장 비슷한 유형이지만, 그렇다고 대면 수업을 그대로 온라인으로 옮겨놓은 것은 아니다. 컴퓨터를 통해 학습자를 볼 수 있기는 하지만 이는 대면 수업과는 많은 차이가 있기 때문에 교실 대면 수업을 그대로 화상 수업 형식으로 바꾸어 활용하는 것은 효과적인 방법이 아니다. 따라서 화상 수업을 계획하고 있다면 대면 수업과는 다른 수업전략을 적용해야 한다. 한 학기 수업을 실시간 화상 수업을 운영하고자 한다면 다음과 같은 사항을 유의하면 도움이 된다.

① 동영상 강의와 달리 실시간 화상 수업은 수업 중에 기술적인 문제가 발생하거나 사용하고 있는 프로그램의 기능을 모르면 수업에 차질이 생기기 때문에 미리 준비를 철저히 해서 문제가 발생하는 것을 최대한 방지해야 한다. 그러기 위해서는 인터넷, 마이크, 웹캠, 오디오가 제대로 작동하는지 매 수업 전에 점검을 해야 하고 사용하게 될 프로그램 기능에 대해 숙지해야 한다.
② 학습자에게 화상 강의 프로그램의 기능에 대해 설명을 하고 수업 중에 적극적으로 사용할 수 있도록 사용 예시를 함께 알려준

다. 기능에 대한 간단한 가이드 또는 동영상 링크를 제공하면 학습자들이 필요에 따라 확인할 수 있다.

③ 수업 중에 사용하게 될 학습자료(파워포인트, PDF, docs 파일 등)를 미리 모두 준비해서 열어놓으면 화면 공유 시 금방 찾아서 사용할 수 있다. 수업 중 사용할 인터넷 사이트도 미리 열어놓으면 공유하기 편하다. 학습자가 실시간으로 진행되는 수업을 따라오지 못할 수도 있으므로 수업에 사용할 문서를 LMS에 미리 올려놓아서 학습자가 다운받아서 문서를 보면서 수업을 듣거나 문서에 메모를 할 수 있도록 한다.

④ 수업 시작 5~10분 전에 로그인을 하고 강의실을 여는 것이 바람직하다. 가끔씩 인터넷 접속이 불안정하거나 Zoom이 제대로 안 열리는 경우가 발생하는데, 이런 문제를 수업 전에 처리하려면 충분한 시간을 두고 접속해야 한다. 수업 시간 전에 강의실을 열면 학습자들이 미리 강의실에 들어와서 수업 준비를 할 수 있고 다른 학습자와 가벼운 대화를 할 수 있는 시간적 여유를 가질 수 있다.

⑤ 실시간 화상 수업에서는 기술적인 문제로 학습자가 접속을 못 하는 경우가 발생하는데, 대부분 학습자들은 출석 문제로 인하여 접속에 문제가 생기면 몹시 불안해한다. 학기를 시작하면서 이런 기술적인 문제가 생겨도 너무 불안해하지 말고 대처하라고 미리 안내한다. 가끔씩 인터넷 문제로 인하여 수업을 결국 못 들어오는 경우도 발생하는데, 이런 경우에 어떻게 할 것인지에 관해서도 교수자가 미리 계획을 세워서 학습자들에게 학기 초에 알려주어야 한다.

⑥ 수업 중에 학습자는 되도록 비디오는 모두 켜고 마이크는 끄고 있도록 한다. 마이크를 켜고 있으면 소음이 들릴 수 있어서 수업에 방해가 되므로, 질문이 있거나 발표를 하지 않을 때는 음소거로 설정한다. 학습자가 수업 중에 비디오를 켜놓고 있어야 교수자가 학습자가 이해를 하고 있는지, 어려움을 겪고 있는 학생은 없는지, 수업에 집중을 하고 있는지 등에 대해 모니터링을 하고 상황에 적절한 피드백을 주거나 수업전략을 구사할 수 있다. 그러나 인터넷이 원활하지 않거나 비디오를 켜기 어려운 상황이 있을 수 있으므로 원칙적으로는 비디오를 모두 켜고 있도록 하나, 강요를 하는 것은 바람직하지 않다.

⑦ 화상 수업에서도 대면 수업과 마찬가지로 아이컨택이 중요하다. 모니터만 바라보고 수업을 진행하면 학습자들은 교수자와 한번도 아이컨택을 못할 수도 있다. 처음에는 어색할 수 있지만 가끔 카메라를 정면으로 바라보며 수업을 하는 연습을 해둘 필요가 있다.

⑧ 화상 수업이라고 해서 말을 너무 천천히 할 필요는 없다. 보통 대면 수업에서 하던 속도로 말을 하는 것이 자연스럽다.

⑨ 화상 수업은 대면 수업에 비교해서 주의집중이 떨어지고 어수선할 가능성이 있다. 매 수업을 시작하면서 그날의 학습목표, 배울 내용, 할 일에 대해 명확하게 알려주면 학습자가 학습에 집중하고 수업의 흐름을 따라가기 쉽다. 수업 중에 잘 따라오고 있는지 확인하는 질문을 가끔씩 던져서 학습자의 주의를 환기시킨다.

⑩ 화상 수업이 대면 수업과 비슷함에도 불구하고 컴퓨터 스크린을 계속 보고 있어야 한다는 점에서 대면 수업에 비해서 피로도

가 더 높고 집중할 수 있는 시간도 짧은 편이다. 수업시간이 길면 학습자들이 더 힘들어하는데 학기 초에는 좀 짧게 수업시간을 조정했다가 차츰 수업시간을 늘려가는 방법을 쓸 수 있다. 일종의 온라인 학습 체력을 기른다는 의미인데, 처음에 힘들어 하던 학습자도 어느 정도 익숙해지면 나중에는 더 긴 시간을 수업에 집중할 수 있게 된다. 학교 방침대로 수업시간을 일정량 유지해야 해서 이 방법을 사용할 수 없다면 중간에 스트레치 타임을 짧게 주어서 환기를 시킬 수 있도록 해준다.

⑪ 대면 수업에서도 교수자가 혼자 강의를 하는 교수자 중심의 교수법은 자칫하면 비효율적일 수 있는데, 화상 수업에서 교수자가 혼자 강의만 하는 수업은 학습자 입장에서는 더 쉽게 지루해질 수 있고 집중하기 어려울 수 있다. 따라서 강의를 계속 하기보다는 다양한 활동으로 수업을 구성해서 학습자의 주의를 계속적으로 환기시켜주고 학습동기를 유지시켜주는 것이 중요하다. 온라인 수업에서는 교수자 중심의 수업이 되기 쉬운데, 학습자 중심의 수업이 될 수 있도록 발표, 토론, 소그룹 활동, 협력학습 과제, 발견학습의 기회를 충분히 주어야 한다. 즉, 수업이 교수자가 지식을 전달하는 일방향 수업이 아니라 학습자가 적극적으로 참여할 수 있는 쌍방향 수업이 되어야 한다.

⑫ 다양한 매체를 활용하면 수업의 단조로움을 피할 수 있으며, 학습자의 주의를 집중하고 흥미를 유발할 수 있다. 학습자료를 텍스트로만 구성하지 않고 애니메이션, 무비, 이미지, 외부 링크 등 다양한 매체를 적절하게 활용하면 학습자의 학습에 대한 흥미와 주의집중을 향상시킬 수 있다.

⑬ 너무 많은 프로그램이나 도구를 사용하는 것은 혼란스럽기 때문에 강의 중에 너무 여러 도구를 사용하는 것은 권장하지 않는다. 그러나 화상 강의 프로그램에 내장되어 있는 기능은 적극적으로 활용하여 수업이 단조롭게 흐르지 않도록 한다. 예를 들어, 수업 시작하기 전에 그 날의 기분을 묻는 가벼운 설문을 하고 응답 결과를 이야기를 하면 가벼운 아이스브레이킹 활동이 된다. 또한, 소그룹 토론을 진행하면서 주제에 대한 생각을 설문 조사하여 결과를 알려주는 활동도 가능하다.

⑭ 수업 시작 시에 수업목표를 알려준 것처럼 수업 종료 시에 수업 내용에 대한 요약을 해준다. 수업내용에 대한 요약 슬라이드를 보여주는 것도 좋은 방법이다. 또한, 가끔씩 수업내용에 대한 성찰을 하게 함으로써 학습효과를 증진시킬 수 있다. 이러한 활동은 수업이 종료된 후에 게시판을 사용해서 진행할 수 있다.

⑮ Zoom을 비롯한 화상 강의 프로그램 대부분이 모바일 앱으로도 제공이 되고 있어서 학습자가 모바일을 통해서도 강의를 들을 수 있다. 모바일 폰으로 수업에 참여하는 것은 편리하기는 하나, 수업 중 과업을 수행해야 하는 경우에는 참여가 제한될 수 밖에 없다. 예를 들어, 모바일 폰은 다른 프로그램을 사용하거나 타이핑을 하는데 제한적이다. 또한, 모바일 폰으로 수업에 참여하는 대부분의 경우가 학습자가 밖에 나가있거나 이동 중인 경우가 많다. 이는 수업에 몰두할 수 없는 환경에 있다는 의미이므로 기술적이거나 환경적인 문제가 아니라면 되도록 컴퓨터를 사용해서 수업에 참여할 것을 권한다.

🐝 수업 에피소드

다음은 A대학의 [테크놀로지와 디지털 콘텐츠] 학부과목의 온라인 수업 에피소드이다. 강의는 한 학기 동안 실시간 화상 강의로 진행되며, 일주일 에 두 번 각 75분씩 진행된다. 본 수업은 2학년에서 4학년 사이의 학부생 20명이 수강하고 있다.

강좌 설명

교수는 수업 시작 전 LMS에서 학생들의 메시지와 게시판을 확인하고 과 제에 관한 공지와 자료 링크를 올려둔다. 수업시작 10분 전에 Zoom에 로 그인을 하고 오디오, 비디오 등을 미리 테스트를 한 후 오늘 사용할 파일 을 미리 컴퓨터 화면에 준비해 놓는다. 수업 중 지켜야 할 사항을 열고 화 면 공유를 하여 학생들이 볼 수 있도록 한다.

수업 시작 전
수업 준비

Classroom Rules: 수업 중에는 모두를 위해서 다음과 같은 사항을 지켜주세요.

수업 규칙

1 수업이 원활하게 진행될 수 있도록 조용한 곳에서 수업에 접속합 니다. 시끄러운 곳에서 수업에 참여하면 다른 학생들에게도 방해 가 될 수 있습니다.

2 Zoom의 오디오, 비디오가 작동하는지 확인합니다.

3 오디오는 발표나 질문할 때 외에는 꺼놓고 비디오는 되도록 켜놓 습니다.

4 화상 수업이므로 수업에 적절한 옷을 입고 주변을 정리해 놓습니다.

5 수업과 관련이 없는 화면은 열지 않습니다.

6 전화를 무음으로 해놓습니다.

7 예쁜 말을 씁니다.

학생들이 들어오면서 인사를 나누기 시작한다.

수업 시작

수업 시간이 시작되어서 교수는 Zoom에서 참가자 명단을 확인하고 학생 들과 인사를 나눈다. 학생들에게 비디오는 켜고 오디오는 무음으로 하라 는 당부를 하고 질문이 있을 때는 실제로 손을 들거나 Zoom의 [손들기]기 능을 사용하라고 안내한다.

인사하기
Zoom 사용 안내

교수가 오늘 학습목표와 학습내용에 대해 안내를 한다.

오늘의 학습주제는 "테크놀로지가 교육에 미치는 영향과 미래 교육"이며,

학습목표 및
수업과정 설명

수업은 주제에 대한 간단한 설문, 학생의 주제발표, 강의, 토론으로 진행될 것이라고 설명하고 각 활동에 소요될 예상시간도 함께 알려준다.

그리고 지난 주 게시판에 올라온 참신한 아이디어에 대해 소개하고 칭찬한다.

학습주제에 대한 학생들의 생각을 묻는 2문항짜리 설문(poll)을 Zoom에서 실시한다.

설문(poll) 실시
학생 주제발표

주제발표를 맡은 학생 두 명이 화면 공유를 하여 준비한 파워포인트와 유튜브를 보여주면서 약 10분간 발표를 한 후 다른 학생들로부터 질문을 받고 답하는 시간을 가진다.

학생 발표가 끝나면, 교수자는 설문 결과를 알려준 후 오늘의 학습내용에 대한 강의를 15분간 진행한다.

설문 결과 알려주기
교수자 강의

화면 공유를 하여 다양한 자료와 교재, 파워포인트를 활용한다.

모든 자료는 LMS에 탑재되어 있으므로, LMS를 열어 설명할 때 이용한다. 학습자들은 공유된 화면을 볼 수도 있고 자신의 컴퓨터에서 LMS에 탑재된 자료를 바로 볼 수도 있다.

5분간의 브레이크타임 이후 소그룹(5명) 토론을 시작한다.

브레이크 타임
소규모 토론

각 그룹에 진행자 1명과 기록하는 학생 1명을 지정한다.

토론주제를 화면에 공유한다.

각 그룹은 각 질문에 대해 토론의 결론과 결론에 대한 이유, 예시, 적용방안을 도출해야 한다. 각 그룹의 기록자들은 공유하고 있는 구글 닥스에 그룹 토론의 결론을 기록한다.

소그룹 토론 동안 교수자는 모든 그룹에 한 번씩 들러서 토론 진행상황을 살피고 올바른 방향으로 진행이 되고 있는지, 어려움은 없는지 등을 확인하고 필요한 부분은 퍼실리테이션을 한다.

네 그룹 중 한 그룹이 진행이 제대로 되고 있지 않아서 [손들기]를 한다. 그 그룹으로 가서 토론의 진행을 도와주고 방향을 안내해준다.

20분간의 소그룹 토론 후에 메인 세션으로 돌아와서 그룹별로 토론의 결론을 발표하고 Q&A 시간을 갖는다.

전체클래스 발표
요약/Q & A

마지막으로 교수자가 오늘의 학습내용에 대해 요약을 하고, 게시판 토론주제와 다음 시간 주제 및 학습활동에 대한 간단한 안내를 한다.

게시판/
다음 수업 안내
마무리 인사

마무리 인사를 하고 Zoom을 떠난다.

Chapter
6

학습관리 시스템 활용

1. LMS 사용방법

1) 학교 LMS 사용방법

학습관리 시스템(Learning Management System, LMS)은 수업 운영 및 학습자의 학습관리를 하는 시스템이다. 대부분의 대학은 LMS를 제공하고 있는데, 크게 불편하지 않으면 학교 LMS를 사용하는 것을 권장한다. 학교 LMS를 사용하면 학습자들이 별도의 등록 없이 바로 사용할 수 있고, 출석과 기본적인 수업정보, 성적관리 등이 자동으로 연동이 되므로 편리하다. LMS에 따라 기능이 차이가 있으나 기본적으로 온라인 수업에 필요한 강의 자료실, 수업계획서, 공지, Q&A, 게시판, 메시지, 설문, 과제 및 평가, 시험, 성적 등의 메뉴를 제공한다. LMS에는 학습자를 관리할 수 있는 기능이 있는데, 학습자 개별 출결 현황, 성적, 학습현황 분석 등을 볼 수 있다.

LMS의 개별 학습자 학습현황 분석 페이지에서는 학습자의 학습활동을 다양한 영역에서 확인할 수 있다. 예를 들어, [LMS의 학습자 출

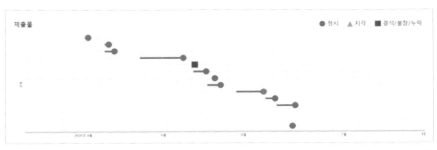

석 확인 페이지]에서는 학습자의 출석률을 확인할 수 있다.

　[LMS의 학습자 참여 분석 페이지]에서는 개별 학습자의 게시판 참여율을 확인할 수 있고, 학습자가 게시판에 글을 올리는 빈도와 함께 페이지를 열람하는 빈도도 알 수 있다. 게시판에 글을 적극적으로 올리지 않는 학습자가 게시판을 아예 보지 않을 수도 있고, 또는 다른 학생들의 글을 계속 읽기는 하지만 글을 올리지 않을 수 있는데, 이 두 경우는 학습참여 측면에서 큰 차이가 난다.

　즉, 글을 올리지 않지만 계속 게시판을 읽고 있는 학습자는 읽으면서 학습을 할 수 있고, 동료 학습자에 대해 알아갈 수 있으며, 소극적이지만 학습공동체에 참여를 하고 있다. 반면, 아예 보지 않는 학습자의 경우(페이지 뷰가 낮은 학습자)는 학습을 거의 하고 있지 않고 공동체에 참여하지 않는 상태이며, 따라서 학습공동체의 일원으로서의 의식도 낮을 것이다.

　이 두 경우는 온라인 수업의 학습효과 측면에서 큰 차이가 있으므로, LMS에서 학습자의 학습활동 분석을 규칙적으로 확인하고 필요한 퍼실리테이션을 제공해야 한다. LMS에 따라서는 학습자가 교수자와 얼마나 자주 상호작용을 했는지도 확인할 수 있는 페이지를 제공하기도 한다.

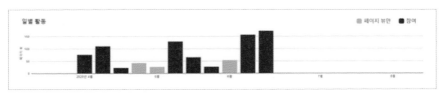

LMS의 학습자 참여 분석 페이지

학습자 – 교수자 간의 의사소통 분석 페이지

2) 기타 LMS 사용방법

학교가 제공하는 LMS가 없다면 무들(MOODLE)이나 구글 클래스룸과 같은 무료 LMS를 이용할 수 있다.

무들은 수많은 어플리케이션과 연동이 가능하여 교수자가 필요한 어플리케이션을 확장하여 수업에 적절하게 맞춤형으로 사용할 수 있다는 장점이 있다.

무들에서는 학습자의 학습현황에 대한 다양한 정보도 확인이 가능하다. 그러나 무들을 사용하기 위해서는 우선 프로그램을 다운로드 받아야 하고*(무료), 개별적으로 서버공간을 마련해야 하며, 업데이트와 확장팩 설치와 같은 운영에 필요한 기본적인 지식이 있어야 한다.

*   https://download.moodle.org/

구글 클래스룸은 무들에 비해 기능은 적지만 훨씬 더 간단하게 시작할 수 있는 장점이 있다. 구글 클래스룸*에서 로그인하여 [수업 만들기]를 한 후 학생들을 초대하거나 수업 코드를 학생들에게 보내서 수업에 참여할 수 있도록 한다.

구글 클래스룸에는 메뉴가 [스트림], [수업], [사용자], [성적]으로 구성되어 있다. [스트림]페이지에서는 공지사항과 학습자 게시물을 올리고 응답할 수 있다. [수업]페이지에서는 과제, 퀴즈, 질문, 자료 등을 생성할 수 있다. 과제를 생성할 때 퀴즈, 숙제, 시험 등의 카테고리를 설정할 수 있다. [사용자]페이지에서는 다른 교수자와 학습자를 초대하고 학생들의 과제제출 현황을 볼 수 있다. [성적]페이지에서는 학습자의 성적을 관리하고 조회할 수 있다. 구글 클래스룸에서는 수업에서 생성한 퀴즈나 시험점수가 자동으로 기록이 되는데, 퀴즈나 시험을 생성할 때 교수자가 [전체 성적 없음(No overall grade)], [총점(total point)], [카테고리별 가중치(Weighted by category)] 중에서 선택하여 채점 설정을 할 수 있다.

구글 클래스룸 메뉴

* classroom.google.com

구글 클래스룸은 무들처럼 온라인 수업 강의 콘텐츠가 바로 어플리케이션과 연동이 되지는 않지만 한 번의 로그인으로 구글의 다양한 어플리케이션을 편리하게 사용할 수 있다. 캘린더 기능, 스프레트시트, 문서, 프레젠테이션 툴은 강의에 바로 활용가능하며, 성적도 스프레드시트로 다운받을 수 있다. 학습자료는 수업 드라이브 폴더에 저장하고 수업에서 사용할 수 있다.

구글 Meet는 실시간 화상 수업에 사용할 수 있으며(250명까지 가능함), 소규모 미팅에는 행아웃(Hangouts)을 사용할 수 있다. 구글 어플리케이션 사이트를 살펴보면 그 외에도 많은 어플리케이션이 있으므로, 수업 목적에 맞게 선택하여 활용하면 된다. 무들과 구글 클래스룸 모두 모바일 앱으로도 사용 가능하다.

상호작용 시스템 활용

1. 어떤 도구를 사용할까?

온라인에서 이루어지는 상호작용을 위한 도구는 메시지의 목적과 종류에 따라 효과적으로 선택해서 사용해야 한다.

어떤 도구를 사용할지를 결정할 때는 1) **학습자 - 학습자 간의 상호작용을 극대화**할 수 있고, 2) **학습공동체를 형성**하는데 도움이 되어야 하며, 3) **교수자 측면에서의 실재감과 효율성**, 4) **사용자 접근성**을 고려한다.

의사소통 채널은 비실시간 채널과 실시간 채널, 일대일 채널과 일대다 채널로 구분된다. 비실시간 채널로는 이메일, 게시판, 메시지, 공지, Q&A 등이 있으며, 실시간 채널로는 화상 면담, 전화, 채팅 등이 있다. 전화는 일대일 채널이며, 공지는 일대다 채널이다. 이메일, 메시지, 화상 면담과 채팅은 사용하기에 따라 일대일과 일대다의 상호작용이 모두 가능한 채널이다. 효과적인 상호작용을 위해서는 먼저 각 채널의 특징을 이해해야 한다.

실시간과 비실시간 의사소통 채널 예시

	실시간/ 비실시간	참여자 수	사용 예시
이메일	비실시간	1:1/1:n	피드백, 수업운영과 관련된 알림/안내 이메일
게시판	비실시간	1:1/1:n	학습주제와 관련된 토론
공지	비실시간	1:n	수업운영 공지
Q & A	비실시간	1:1/1:n	수업운영, 기술적 문제에 관한 질문과 답
화상	실시간	1:1/n:n	피드백, 멘토링
채팅	실시간	1:1/n:n	피드백, 멘토링
전화	실시간	1:1	학습진행과 관련된 면담

어떤 의사소통 채널을 사용할지 결정하기에 앞서 우선 개인적으로 전달해야 하는지 전체 학습자에게 한 번에 전달해야 하는지를 생각한다. 수업과 과제에 대한 최초 안내는 **공지**에 올리고 이후 알림과 안내는 이메일이나 메시지로 보내는 것이 효과적이다. 중요하지 않거나 유사한 내용으로 공지사항을 너무 자주 올리면 정작 중요한 공지사항을 찾는데 어려움이 있을 수 있고, 공지를 일일이 확인하지 않게 되기 때문이다.

게시판은 비대면 수업에서 가장 빈번하게 쓰이는 채널인데, 개인적인 글보다는 학습주제와 관련된 생각을 공유하는데 주로 활용한다. 예를 들어, 주제에 대한 토론을 진행하거나 문제에 대한 탐색, 성찰과 같은 수업내용과 직접적으로 연관이 있는 내용은 게시판을 활용하도록 한다. 학습내용 게시판과 별도로 **Q&A 게시판**을 운영하면 더 체계적이고 효율적으로 상호작용을 할 수 있다. 예를 들어, 수업 운영에 대한 질문이나 기술적인 문제 등과 같이 학습주제와 관련이 없는 기타 질문은 모두 Q&A 게시판에 올리도록 하면, 게시판에서 진행되는 토론의 흐름을 방해하지 않는다. 또한, Q&A 게시판에 올라오는 질문은 다른 학습자도 공통적으로 궁금해 할 질문이 올라오기 때문에 한 번의 답변으로 문제를 해결하여 교수자의 수고를 덜 수 있다. 학기 초에 학습자에게 공지, 게시판, Q&A 게시판의 기능을 미리 알려주고 각 기능에 맞도록 사용하도록 해야 추후에 관리가 간편해진다.

비대면 수업에서 가장 중요한 교수자의 업무 중 하나가 **피드백**을 제공하는 것인데, 피드백을 제공할 때도 게시판과 메시지를 적절하게 사용해야 한다. 피드백은 긍정적 피드백과 부정적 피드백으로 나뉜다 (10장 참고). 긍정적 피드백은 게시판을 이용하여 피드백을 받는 학습자의 자존감과 성취감을 높이는 데 활용하고 부정적 피드백은 개인적인 채널, 즉, 이메일이나 메시지, 채팅, 1:1 화상 면담 등을 활용하여, 학습자가 자신의 부족한 점이 공개적으로 노출되어 정서적인 불편함을 느끼지 않도록 배려해야 한다. 상호작용의 효과를 극대화하기 위해서는 비실시간 의사소통 채널뿐만 아니라 실시간 화상 면담이나 채팅도 적극적으로 활용하여야 한다. 비실시간 채널은 교수자와 학습자 사이에서 시간적 거리가 발생하기 때문에 학습자가 질문하는 타이밍을 놓치기 쉽다. 실시간 채널에서는 이런 문제를 해결할 수 있으며, 더욱 친밀하게 상호작용을 할 수 있어서 비실시간 채널에서 부족한 부분을 보완해 줄 수 있다.

수업에 따라서는 위에서 설명한 비대면 수업에서 일반적으로 사용하는 채널 이외에도 다양한 채널과 소셜 네트워크를 활용할 수 있다. 예를 들어, 학급이나 수업 페이스북을 오픈하여 공지와 간단한 메시지를 전달할 수 있는데, 텍스트 이외에도 사진, 이미지, 동영상을 쉽게 편집해서 올릴 수 있으므로 상호작용을 더 풍부하게 할 수 있고, 공동체 형성에도 도움이 된다. 카카오톡이나 트위터를 활용하면 공지나 알림을 더 빠르고 효율적으로 전달할 수 있다. 카카오톡이나 밴드와 같은 소셜 네트워크에서 수업방을 만들어서 공지를 하고 학습자와 긴밀하게 의사소통을 할 수 있다. 그러나 너무 많은 채널을 사용하게 되면 오히려 혼란스럽고 공지와 메시지를 끊임없이 받는 것도 학습자 입장에서는 부담스럽다. 따라서 수업과 상호작용의 목적에 맞는 가장 적합한 채널을 선택하여 수업 시작과 함께 설정을 해야 혼란을 미연에 방지하고 효과적인 상호작용을 할 수 있다.

2. 게시판 사용하기

온라인 게시판은 이미 상당히 오랜 기간 교육뿐 아니라 다양한 목적으로 사용되어 왔기 때문에 모두에게 친숙함이 있는 도구이다. 다양한 온라인 게시판이 있는데, 기능은 대동소이하다. LMS를 사용하고 있으면 기본으로 제공되는 게시판을 활용하는 것이 사용자 편의성 측면에서 가장 효율적이다. 예를 들어, 구글 클래스룸을 사용하고 있으면 구글 게시판을 사용하는 것이 별도의 로그인이 필요 없기 때문에 간편하다. 게시판에 따라 차이가 있으나, 대부분의 게시판은 주제별,

날짜별, 학습자별 등으로 메시지를 확인할 수 있도록 되어 있으니, 이런 기능을 잘 활용하면 손쉽게 메시지를 찾거나 학습자를 평가할 수 있다. 게시판 사용에서 중요한 전략은 **주제별 분지**(thread)를 적절하게 만드는 것이다. 학습자가 알아보기 쉽게 주제별로 정리해서 토론을 올리고 학습자에게도 게시판에서는 지정된 주제에 맞도록 글을 올리라고 당부를 한다.

토론주제는 깊이 생각할 필요가 없거나 답이 하나만 있는 주제는 피하고 가능하면 다양한 관점과 아이디어를 공유할 수 있도록 유도할 필요가 있다(토론 주제에 대한 더 자세한 팁은 11장에서 찾아볼 수 있다).

변화를 주고 싶거나, 외국어 교육 수업이라면 **보이스 게시판**(voice board)을 함께 사용하는 것도 고려할만하다. 인터넷에서 "voice discussion board" 또는 "voice board"를 검색하면 다양한 보이스 게시판을 찾을 수 있다(예: voice thread). 보이스 게시판에서는 음성, 비디오, 텍스트, 인터넷링크를 모두 사용하여 메시지를 생성할 수 있고([보이스 게시판 생성 화면]) 댓글을 추가할 수 있다([보이스 게시판 댓글 화면]). 생성된 메시지의 링크를 복사하여 학습자에게 보내서 [공유]할 수 있으며, 생성된 미디어를 다운로드하여 [저장]할 수 있다([보이스 스레드 메뉴]). [홈] 페이지에서 [그룹]과 [코스]를 생성할 수 있다(그룹 생성은 계정을 업그레이드해야 사용가능하다).

보이스 게시판 생성 화면

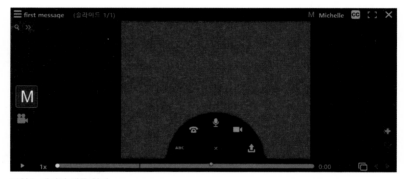

보이스 게시판 댓글 화면

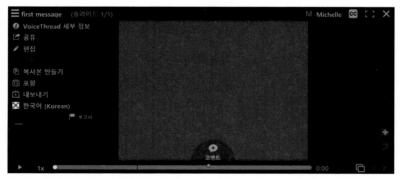

보이스 스레드 메뉴

게시판을 사용할 때는 다음과 같은 사항을 미리 고려하여야 한다.

- **사용 목적**이 무엇인가?
- 일주일 또는 한 학기에 **몇 개의 주제**를 올릴 것인가?
- 게시판 토론을 주제 학습(수업) **전**에 사용할 것인가? **후**에 사용할 것인가?
- 학습자/교수자가 **어느 정도의 시간**을 게시판에 소요할 것으로 예상하는가?
- 게시판 참여를 **성적에 포함**할 것인가? 포함한다면 양적으로 평가할 것인가? 질적 평가를 포함할 것인가? 질적 평가 기준과 **루브릭**은 어떻게 제시할 것인가? (글을 올린 것 자체에 점수를 부여하는 것은 학습동기에 도움이 되지 않고 공정한 평가가 아니라고 생각할 수 있으므로 게시물에 대한 질적 평가를 부여하여 1점 정도의 가산점을 주는 것이 바람직하다.)
- 학기별 또는 토론별로 올리는 **메시지의 최소 길이와 횟수**를 정할 것인가?
- 하나의 주제에 대해 **어느 정도의 기간**을 줄 것인가?

3. 위키 사용하기

위키는 다수의 참가자가 협력하여 하나의 메시지 또는 글을 함께 완성해 나가는 도구이다. 예를 들어, 게시판에서 10명의 참가자가 메시지를 각 2개씩 올렸다면, 총 20개의 개별 메시지가 생성된다. 게시판의 모든 메시지와 댓글은 저자가 표시되며, 타인의 메시지나 댓글은 삭제하거나 수정할 수 없다. 그러나 위키는 많은 참여자가 글을 써도 하나의 결과물을 생성하는 것을 목적으로 한다. 참여자들이 메시지를 자유로이 삭제, 수정, 첨가를 할 수 있다는 점에서 다른 도구와 차별이 된다. 게시판이 자신의 주장을 하기에 적합한 도구라면, 위키는 어떤 개념을 공동으로 만들어 나가거나 협력으로 글을 쓸 때 유용한 도구이다.

위키를 활용한 가장 유명한 예는 위키피디아(Wikipedia)이다. 위키피디아는 도구 위키(wiki)와 사전(encyclopedia)을 합한 단어로, 다수의 참여자가 어떤 대상에 대해 사전과 같이 정리를 해 놓은 사이트를 말한다. 위키피디아를 보면 하나의 글로 어떤 대상에 대해 알려주고 있는데, 이 글은 여러 명이 계속적으로 쓰고, 고치고, 삭제하고, 첨가하는 과정을 거쳐서 완성된 또는 여전히 진행 중인 글이다.

위키는 이런 의미에서 진정한 협력학습과 집단지성(collective wisdom)의 산물을 만들 수 있는 도구라고 할 수 있다.

위키는 프로그램을 다운로드 받은 후 설치하거나 웹기반으로 사용할 수 있다. 무료 프로그램 중에서도 좋은 것들이 많기 때문에(예: 미디어 위키,* 위키닷**) 기능을 살펴보고 선택한다.

위키에서 글을 쓰는 것은 여러 사람이 같은 문서를 쓰고 있는 구글 문서와 비슷하다. 그러나 위키는 구글 문서에는 없는 [읽기], [수정], [역사](또는 [기록]) 버튼이 있다. [읽기]에서는 문서를 읽을 수만 있고 수정이나 삭제는 [수정] 페이지에서만 가능하다. [역사](history)에서는 참가자들이 이전에 수정한 기록이 모두 남아 있어서 이전 버전을 모두 볼 수 있으며, 경우에 따라서는 이전 버전으로 되돌려 놓을 수도 있다. [수정]페이지에 [비교] 탭이 있는데, 이 기능은 비교하고자 하는 버전 두 개를 클릭하면 두 버전 사이에서 첨가, 수정, 삭제된 부분이 표시가 되어 누가 어디를 어떻게 고쳤는지 볼 수 있다. 참가자 별로 쓴 글을 확인하는 기능이 있어서 개별 학습자의 학습상황을 파악

---

*   https://www.mediawiki.org/wiki/MediaWiki
** wikidot.com

하는데 참고할 수 있다.

목적에 맞도록 적절하게 위키를 사용하면, 협동학습 능력을 향상시키고, 공동체 의식을 함양할 수 있으며, 학습동기와 흥미를 증진시킬 수 있다. 위키를 활용한 학습의 예시로, 학습자들이 협력하여 위키피디아와 같은 사이트를 만들어서 해당 수업에서 배우는 핵심개념을 정리할 수 있다. 해당 과목의 중요한 용어를 위키를 활용하여 모두 정리한다면, 개념과 용어에 대한 이해도 용이하고 더 오래 기억할 수 있을 것이다. 위키를 창작 글쓰기에 활용하여 소설이나 드라마를 구성해 볼 수 있다. 또한, 외국어 수업에서 위키를 사용하면 수정과 삭제 기능을 이용해서 틀린 어휘와 문법을 서로 고쳐나가는 공동학습 사이트가 될 것이다. 사전에 양해를 구하면 위키로 작성한 개념 사전이나 용어 사전을 다음 학기 학습자료로도 활용할 수 있다.

4. 블로그 사용하기

게시판과 위키는 만든 사람과 상관없이 다수의 참가자가 이론상 동등한 지분으로 참여를 할 수 있는데 비해, 블로그는 만든 사람이 블로그의 주인이고 주인으로서의 권리를 가지게 된다. 따라서 블로그는 게시판과 위키에 비해 더 **개인적**이고 **주인의식**(ownership)이 강한 도구이다. 이러한 블로그의 특징을 살려서 학습자에게 블로그를 **개인 저널 사이트로 운영**하게 하고 서로 방문하여 간단한 댓글을 남기는 활동을 해볼 수 있다.

온라인 블로그를 운영하면 규칙적으로 학습과 관련된 내용을 남겨야 하기 때문에 온라인 수업에서 깨지기 쉬운 일상의 **학습 리듬을 유지**할 수 있다. 또한 블로그를 쓰면서 자기 **성찰**의 시간을 가질 수 있기 때문에 학습을 도와주는 역할을 한다.

LMS에서 블로그가 내장되어 있는 경우^(예: 무들)는 그대로 활용하면 되고, 그렇지 않을 때는 흔히 사용되고 있는 구글 블로그* 등과 같은 무료 블로그 사이트를 사용한다. 학습자 별로 블로그 사이트를 생성하여 게시판이나 공지에 모든 블로그 주소를 공유하여 서로 방문하고 댓글을 달 수 있도록 한다.

블로그는 개인적인 글을 쓰는 성향이 강한 도구이므로, 학습과 관련된 주제별 저널이나 성찰일지를 쓰게 함으로써 **자기주도적 학습능력**을 기를 수 있다.

블로그를 작성하게 할 때 처음에는 다음과 같은 가이드라인을 주고 쉽게 접근할 수 있도록 유도한다.

🐛 사고와 토론을 촉진할 수 있도록 시작 가이드라인 제시

내가 (프로젝트나 수업 중 이슈)에 대해 다시 설명을 좀 해보자면...
이 내용을 초등학생한테 설명한다면....
내가 이해한 것은...
이것의 효과는...
다른 관점에서 이야기 하자면...
내가 동의하는 이유는...
오늘 내가 (본, 들은) 내용이 굉장히 충격적이었는데, 왜냐하면...
예를 들어 설명하자면....

＊   https://www.blogger.com/

PART 3

성공적인
온라인
수업전략
적용하기

수업분위기 조성

    비대면 학습에서 가장 큰 어려움 중 하나는 외로움과 관련되는 느낌일 것이다. 즉, 많은 학습자들이 비대면 학습 공간에서는 '동떨어져', '홀로' 공부한다는 느낌을 자주 받는데 이는 자연스러운 일이다. 인간은 사회적 동물이므로, 사회에서 떨어져서 혼자 생활하는 것을 좋아하지 않고 두려워한다. 가끔씩 혼자 지내고 혼자 공부하는 것은 상관없겠으나, 오랜 시간 혼자 공부를 해야 한다는 것은 쉬운 일이 아니다. 특히, 재난이나 감염위기 등으로 사회적 거리를 두어야 하는 상황에는 더욱 그러하다. 학교뿐만 아니라 다른 사회생활에서도 제약을 받기 때문에, 전반적으로 혼자 지내야 하는 시간이 더 많아지고, 이는 혼자서 공부해야 하는 상황을 더 힘들게 만든다.

    혼자 공부하고 있다는 느낌은 결국에는 학습동기 저하를 가져오게 되고, 학습을 지속하지 못할 수도 있게 만드는 부정적인 요소이다. 이런 부정적인 요소를 상쇄시키려면 사회·정서적 유대감을 느낄 수 있는 공동체가 필요하다. 공동체는 실시간 상호작용, 게시판 토론, 협력학습, 그룹과제 수행 등을 통해 공동체를 발전시킬 수 있다. 공동체는 쉽게 형성되고 발전되는 것이 아니므로 교수자와 학습자가 모두 노력을 기울여야 한다.

1. 네티켓

비대면 수업을 시작하기에 앞서 지켜야 할 네티켓(netiquette)을 반드시 설명해야 한다. 비대면 수업 중 여러 가지의 예상치 못한 문제들이 발생할 수 있는데, 기술적인 문제를 제외하면 모든 문제는 사람과 관련되는 문제들이다. 대면 상황이 아니라는 점에서 소셜네트워크나 인터넷 상에서 일반적으로 생길 수 있는 여러 문제들이 발생할 수 있다는 점을 항상 유념해야 한다. 수업에서 지켜야 할 네티켓은 교수자가 수업상황과 학습자에 맞춰서 제시를 해야 하는데, 일반적으로 다음과 같은 규범을 알려줄 수 있다.

- 허락 없이 수업을 녹화해서 인터넷에 올리는 것은 불법이다.
  특히, 교수자와 다른 학습자들이 찍힌 사진이나 동영상을 배포하는 것은 불법이므로 절대로 해서는 안 되는 일이다. 이는 타인의 사생활과 초상권을 침해하는 일이다.
- 수업 시에 배포되는 자료를 허락 없이 배포하는 것은 저작권을 위반할 수 있으므로 하지 않아야 한다.
- 다른 사람의 기분을 배려해야 한다.
  서로 보지 않아도 모니터 저편에는 나와 같은 '인간'이 있다는 점을 항시 잊지 말고 행동해야 한다. 즉, 저 사람이 바로 내 앞에 있을 때도 이렇게 말을 할 수 있을까를 생각해야 한다. 비대면 수업에서도 대면 수업이나 실생활에서 따르는 규범에 따라 행동해야 한다.
- 개별적으로 해야 하는 말은 공동의 게시판이나 수업 중 토론에서 하지 말고 이메일이나 메시지와 같은 개인적 채널을 사용한다.
- 온라인 공간에서는 지식을 공유하여 서로에게 도움이 되어야 한다.
  불필요한 글을 올려서 남의 시간을 허비하지 말아야 한다.
- 다른 사람의 프라이버시를 존중해야 한다.

수업에서 정한 규범을 지키지 않을 때는 교수자가 바로잡고 고치도록 유도해야 한다. 만일 고쳐지지 않고 계속 문제 행동이 지속될 때에는 강력히 제재를 해서 다른 학습자들이 피해를 보는 일이 없어야 할 것이다. 수업을 시작하면서 이 점에 대해서 분명하게 짚어주어 문제가 발생하는 것을 최대한 방지하도록 한다.

2. 우리만의 문화 만들기

공동체 안에서 수업 고유의 문화도 발전할 수 있으면 공동체 발전에 도움이 된다. 비대면 수업을 하게 되면서 학생들이 가장 흥미로와 한 것은 '교수님 댁의 고양이를 보는 것'이라는 농담이 있다. 이처럼 비대면 수업 중에서는 예상밖의 작은 일에서 즐거움을 찾을 수 있는데, 수업 나름대로의 작은 문화를 만들어나가는 것도 더 흥미롭게 비대면 수업을 할 수 있는 동력이 될 수 있다.

실시간 화상 수업에서 수업보다 좀 일찍 들어가면 학생들이 이 시간은 수업이라고 생각하지 않아서 교수자에게 편하게 자신의 이야기를 하게 되는데, 이런 시간을 갖는 것을 수업의 문화처럼 정착시킬 수 있다.

어릴 때 해보던 "show and tell" 이벤트를 갖는 것도 온라인 수업을 흥미롭게 만드는 방법이다. 각자 자기가 아끼는 물건이나 의미 있는 사진을 보여줄 수도 있고, 교수님 댁의 고양이처럼 자신의 반려동물을 보여주는 시간을 갖는다면 대면 수업에서 하지 못 하는 재미있는 시간을 만들어낼 수 있다. 이런 시간을 통해서 학습자는 온라인 공간이 무미건조하거나 비인간적인 곳이 아니라고 느끼게 될 것이다.

도와주세요	질문있어요	문제없어요	잘했어요	인사해요

몸짓 인사 예시

　화상 수업 중에 학습자는 주로 마이크를 끄고 있는데, **몸짓으로** "잘
되고 있어요", "도움이 필요합니다", "질문 있습니다" 등을 표현하도
록 하면 강의와 토론 중이라도 어색하지 않게 의사소통을 할 수 있다.
또한, 다른 학습자의 발표가 마친 후에 소리 없이 박수를 치는 행동이
나 "안녕하세요", "고맙습니다"와 같은 말을 표현하는 몸짓을 함으로
써 서로에 대한 존중과 칭찬을 표시하는 문화를 만들어나가는 것도
좋겠다. 비대면 수업에서 상호작용을 하거나 공동체를 만들어나가는
것은 쉽지 않는 일이어서 학기 초에는 서로 어색해하기 마련이나, 점
차 시간이 지날수록 나름대로의 문화가 형성되고 학습자들은 그 안에
서 지켜야 할 **규범**을 알게 되고 서로에 대한 **존중과 배려**를 배우고 실
천하게 된다.

　게시판에서 토론이나 학습과 관련 없는 **사회적·정서적 교류를 위한 공
간**을 만들어 주는 것도 필요하다. 학습에 관련된 게시판 공간만 있는
경우에 다른 이야기를 나누기는 어려운데 새로 공간을 만들어주면 사
회적 교류가 활성화될 수 있다. 이 공간에서는 개인적인 이야기나 어
려운 점, 일상의 소소한 이야기를 할 수 있는데, 학습자는 수업과정에
서의 이러한 공간에 대해 익숙하지 않을 수 있으므로, 교수자가 먼저
자신에 대한 이야기를 시작하면 학습자들이 쉽게 따라올 수 있다. 자

신에 대한 간단한 소개, 좋아하는 책, 영화, 장소 등 인터넷에서 공유되어도 무방한 것들에 대해 이야기를 하면 된다. 이때 학습자에게 너무 개인적인 것들은 올리지 않도록 미리 가이드라인을 준다. 또한, 원하는 학습자들에 한해 자신의 블로그 등을 공유할 수도 있다. 이러한 공간은 특히 온라인으로 처음 수업을 시작하게 되는 학습자들에게는 마음의 위안이 되고 공동체를 느낄 수 있게 해 줄 것이다.

3. 공동체에서 교수자의 역할

비대면 학습에서의 상호작용, 실시간 및 게시판 토론, 공동체와 문화를 형성하기 위해서는 **적극적인 교수자의 역할**이 요구된다. 물론, 교수자가 한 발짝 떨어져서 학습자들을 지켜봐야 할 때가 있을 것이다. 그러나 온라인 학습의 많은 부분에서 교수자의 적극적인 개입이 필요하다.

특히, 교수자는 상호작용이나 토론, 공동체 일원으로 참여해서 본보기를 보여야 한다. 어떠한 톤으로 말을 하고 글을 써야 하는지, 온라인에서 발표는 어떻게 해야 하는지, 공동체의 다른 학습자들을 어떻게 교류해야 하는지 등 전반적인 온라인상의 언행에 있어서 본보기를 제시하는 것이 중요하다.

비대면 수업을 시작할 때 지켜야 할 네티켓을 제시하는 것 이상으로 교수자의 언행을 통해서 학습자들은 온라인상에서 무엇을 어떻게 해야 하는지에 대한 규범과 그 수업 공동체에서 요구되는 다양한 상호작용 방법에 대해 배워나가게 될 것이다. 따라서 교수자가 솔선수

범하여 자신의 수업에서 원하는 학습자의 모습을 본인 스스로가 보여주어야 한다. 즉, 교수자는 **학습공동체의 일원**으로서의 역할을 수행하면서 함께 공동체의 문화를 발전시켜 나가야 한다.

그러나 수업의 처음부터 끝까지 교수자가 개입할 필요는 없다. 오히려 수업 초기에는 능동적으로 참여하는 모델을 보여주다가 점차 **학습자 중심**이 될 수 있도록 중심을 옮겨야 한다. 즉, 스캐폴딩(scaffolding) 전략을 공동체 형성에 적용하여, 초기에는 교수자가 개입하고 지원하다가 점차 개입과 지원을 줄여나가서 학습자가 중심에 있도록 해야 한다. 이 과정에서 교수자는 능동적인 리더의 역할과 함께 능동적인 참관인의 역할을 균형적으로 수행해야 한다. 다시 말해 교수자의 적극적인 개입이 없을 때라도 교수자가 안 보여서는 안 되고, 능동적으로 참관을 하고 있다는 것을 학습자들이 알도록 해야 한다.

Chapter
9

학습과정 모니터링

1. 출석관리

온라인에서는 수업에 참여하는 형태가 다양하기 때문에 출석관리도 동일하게 이루어질 수 없다. 온라인 출석관리는 **LMS에 접속한 로그를 확인**하는 것이 가장 쉬운 방법인데 강의실에 접속하여 머물렀던 시간을 누적하여 보여주는 것이다. 그러나 이것만으로 접속한 시간 동안 학습활동이 일어났다고 판단하기는 어렵다. 그보다는 **어떤 활동에 실제로 참여했는지 확인**하는 것이 중요하다.

콘텐츠 수강 중심의 수업이라면 강의실에 로그인하여 강의 콘텐츠를 얼마나 시청했는지 시간을 확인하는 것이 가장 간단한 방법이다. 학교별로 출결시스템이 포함된 LMS가 있는 경우라면 보다 손쉬울 것이고 없는 경우에는 별도 장치 마련이 필요하다. 각 대학의 경우 콘텐츠 수강여부로 출석관리를 할 수 있으며, 초중등의 경우 EBS에 교실을 개설하면 해당 콘텐츠 수강을 출석에 반영할 수 있다. 유튜브(Youtube)에 강의를 업로드한 경우에도 사용자의 시청시간을 확인하는 방법으로 출석관리가 가능하다. 그러나 학교에 LMS가 구축되어 있지 않거나 동영상 시청시간만으로 자동으로 출석관리를 하기 어려울 때는 실제로 퀴즈에 응시하거나 과제를 제출한 것으로 학습활동에 참여한 것으로 인정할 수 있다. 다른 학습활동과 연계하지 않아도 된다면 해당 수강생들이 SNS로 **정해진 규칙과 방침에 따라 출석체크**를 하는 방식도 가능하다. 그러나 설문처럼 결과로 통계를 낼 수 있는 기능만큼 효율적이지는 않을 수 있다.

실시간 화상 수업의 경우도 접속시간과 종료시간을 확인하면 출석관리가 원활하게 이루어질 수 있다. 다만 일부 학습자들이 카메라를 다른 곳을 비추고 음소거 한 상태인 경우 실제 참여하고 있는 지 확인하기 어려운 점이 있다. 사전에 정한 규칙에 따라 질문에 일정시간 응답하지 않거나 교수자가 학습자의 음소거를 해제했을 때 반응하지 않는지 실시간으로 체크함으로써 출석여부를 확인할 수도 있다. 그러나 라이브 강의나 실시간 토론을 중재하면서 일일이 출석을 체크한다는 것은 비효율적일 수 있다. 일정시간 프레임을 정해놓고 중간에 이름을 호명하며 출석을 부르는 것이 더 효율적인데 이때 매 차시 시간을 달리하고 호명하는 그룹의 학생도 차별화해야 실질적인 출석관리에 도움이 될 수 있다. 자칫 요일이나 특정번호처럼 단순한 규칙을 반복적으로 적용하면 출석에 불릴 것 같은 학습자만 참여하게 하는 역효과를 가져올 수도 있기 때문이다.

어떤 출석관리 방법을 쓰더라도 교육의 근본적인 목적을 상기해본다면, 자리에 있는지의 여부를 확인하거나 콘텐츠를 얼마나 재생했는

지만 확인하는 것으로는 부족하며, 실제 학습에 적극적으로 참여하고
있는 지 확인하는 것이 더 의미 있는 일이 될 것이다.

Exit card	Exit card
Today I learned	3 things I learned
I could have	2 things I found interesting
Next time I need to	1 question I still have

Exit card 활용하기

단순히 출석했는가를 넘어서 **수업을 돌아보고 내용을 이해했는지 점
검하기 위해 필수 항목을 체크하거나 본인의 이해도를 스스로 평가해볼 수
있는 Exit card를 활용**해보는 것도 바람직하다. 수업이 끝날 때마다 1)
[Today I learned ― I could have ― Next time I need to]의 구성으로
학습과정을 성찰하게 유도할 수 있으며, 2) 주요 내용이나 항목별 이
해도를 5점 척도로 점수를 부여해보거나, 3) [3 Things I learned ― 2
things I found interesting ― 1 question I still have] 구성으로 보다 심
도 깊은 이해도를 점검할 수도 있다. 그러나 매시간 제출의 부담이 느
껴질 경우는 Exit Card에 오늘 수업의 주요 개념 1개 쓰기 정도로 간
략하게 마무리한다. Exit card는 LMS 게시판에 제출할 수도 있고, SNS
에 학생들이 공유할 수 있게 유도할 수도 있다. 학생들의 고충사항이
나 궁금한 점 등을 비공개로 조사하는 용도로 활용할 때는 Exit Card
를 교수자에게 개별적으로 제출할 수 있도록 한다.

2. 이해도 점검

온라인 수업에서는 학습자의 적극적인 참여가 중요하지만 소극적이고 수동적 참여자들도 있기 마련이다. 수업중이나 수업이 끝날 무렵 학생의 이해도 점검을 위해 질문을 하게 되는데 일반적으로 학생들이 답변 기회를 회피하는 경향이 있다. 이때 무리해서 학생을 지목하거나 답변이 빨리 나오기를 기대하기 보다는 온라인 공간이 우선적으로 심리적 안정감을 주기 위해 **틀려도 괜찮고 '안전한' 공간임을 강조**할 필요가 있다.

수업에서 질문이 기대한 효과를 거두기 위해서는 무엇보다 허용적 분위기를 조성하는 것이 중요하다(12장 실재감 참조).
허용적인 분위기는 교수자의 질문에 대해 학생들이 자신의 의견을 자유롭게 답할 수 있도록 해준다. 학습자가 응답할 때 교수자가 원하는 대답이 있어서 정답을 맞추어야 한다는 부담이 없어야 한다. 또한, 모든 대답은 진지하게 받아들여지고 자신의 의견이 존중 받는다고 느끼는 것이 중요하다.

질문을 할 때는 학생들이 **질문에 답하기 쉽도록 보다 구조화하거나 구체적인 항목위주로 질문**하는 것이 더 적절하다. 실시간 화상 수업의 경우 질문 후 적어도 7초 이상 기다리면서 기회를 주는 것도 도움이 될 수 있다. 2, 3초도 기다리지 않고 질문이 없군요, 하고 넘어가버리면 정작 학생들은 질문할 기회가 없다.
내용을 이해했는지, 궁금한 것이 없는지 질문할 경우에 날짜나 요일을 고려하여 3번 학생을 자연스럽게 호명하여 질문을 할 수도 있고, 세미나 화면에 배치한 순서에서 학생을 지목하는 방법도 있다. 이때 질문은 개방형보다는 **'학습자가 쉽게 답할 수 있는 형태', '대답하기 쉬운 질문'**으로 제시하는 것이 보다 바람직하다. 문제에 답하지 못할 경우 직접 구원투수를 지목하게 하여 다른 학생이 답변하게 할 수도 있다.

일반적으로 수업에서 학습자는 교수자의 질문에 대해 정답만 짧게 응답하는 경향이 있기 때문에 보다 확산적 사고를 위해서는 교수자가 학생의 응답에 대해 다시 질문을 하는 방식(reflective toss)을 사용할 수 있다.

🎙️ 실시간세미나를 위한 질문 지침

'예', '아니오'로 답하는 질문은 피한다.

질문을 구성하는 단어들은 (학생의 이해를 고려해서) 신중하게 선택해야 한다.

학생의 수준에 따라 질문을 다시 반복하거나 다른 방식으로 표현해본다.

짧은 시간에 생각하고 답할 수 있는 질문을 한다.

학생들이 스스로 또는 다른 학생들에게 질문하도록 권장한다.

재생적(정보의 회상) 질문

확인 : 사전학습 확인회상을 위한 질문

예) '지난 시간에 어디까지 배웠나요?', '지난 번에 배운 핵심내용이 무엇이었나요?'

탐구 및 의견 요구

예) '다른 의견은 없나요?' '누가 옳다고 생각하나요?', '왜 그럴까요?', 'A와 B의
의견은 어떻게 다를까요?', '다르게 푸는 방법은 없나요?'

확인 : 학생이 말하거나 답한 것에 대해 근거를 요구

예) '어떤 방법으로 했나요?', '활용한 방법의 장단점은 무엇이죠?', '어떻게 해서
그런 결론을 내렸나요?', '왜 그렇게 생각하나요?'

유도 및 촉진

예) '이 의견에 질문 있는 사람은 없나요?', '그래서 어떤 일이 일어났나요?'

해석 : 학생의 진술을 다르게 표현하도록 요구

예) '또 다른 말로 하면?', 'A와 관련지어 이야기하면 어떨까요?'

추론적 질문

학생들이 지식이나 정보 등을 비교, 대조, 분석, 종합해서 응답하도
록 요구하는 질문이다. 앞의 재생적 질문이 학습한 내용을 알아보기
위해 단순한 지식과 사실, 방법과 원리를 재생하거나 열거하도록 요
구하는 것이었다면 추론적 질문은 학습내용에 대해 심화된 이해를 위

---

* 이인숙·한승연·임병노·이지연·이현우·이은배(2020). 학습자 중심 수업설계를 위한 교
육방법 및 교육공학, 문음사.

해 던지는 질문이다. 예를 들어, '이성계의 위화도회군은 정당한가?'라는 질문은 다양한 정보를 찾아 상호비교하고 분석하는 과정에서 해결되며 보는 사람의 관점에 따라 다양한 정답이 가능하다. 추론적 질문은 수업의 전개과정에서 수업을 이끌어가는 중요한 역할을 한다.

적용적 질문

지금까지 배운 것을 새로운 상황에 적용해 볼 수 있도록 던지는 질문이다. 새로운 상황에 배운 것을 적용하거나 가설을 설정하도록 함으로써 학생들의 확산적 사고의 형성을 돕는다. 예를 들어, '전기가 없었다면 인류의 생활은 어떻게 변했을까?'라는 질문을 통해 지금까지 배운 것을 바탕으로 가설을 설정하게 하거나, '토끼와 거북이 이야기가 계속되면 어떻게 끝을 맺을까'를 통해 새로운 상황 전개를 추론해 보도록 유도하는 것이다. 주로 수업의 정리단계나 과제제시 등으로 사용한다.

3. 과제 관리

온라인 학습과정은 학습자가 스스로 자기주도적으로 학습에 참여하고 학기 중 수업계획서에 맞추어 수업을 수강하고 시험에 응시하고 과제를 제출하게 된다. 공지사항을 통해 일정을 안내해도 학습자들이 정보를 놓치게 되는 경우가 자주 발생하기 때문에 과제나 시험 일자 등에 관해서는 강의실 게시판의 공지사항 외에도 이메일이나 문자 전송 등으로 정보를 반드시 안내해야 한다.

대부분의 경우 과제는 2주 이상 시간을 소요하고 제출하게 되도록 출제되는 경우가 많은데, 학습자들은 마감이 되어서야 과제가 있음을 인식하고 성급하게 과제를 작성하거나 마무리를 못해서 제출을 못하게 되는 경우도 발생한다. 물론 과제를 충실히 수행하는 것에 대한 책임이 학습자에게 있기도 하지만, 교실 수업 환경처럼 학습활동이나 과제에 대한 일정과 내용 공유가 자연스럽게 일어나지 않기 때문에 **온라인에서는 더 자주 구체적인 안내와 관리가 필요**하다.

학기초 **수업계획서의 평가기준에 과제의 평가 비중과 개요를 반드시 안내**하여 이 과목은 과제수행이 있음을 분명히 인지시킬 필요가 있다. 과제를 출제할 때 마감과 평가기준을 반드시 명시하고, 마감 전에 적어도 2회는 마감일을 재안내하고, 과제에 대한 질의응답을 할 수 있는 기회를 마련하는 것이 좋다. Q&A나 게시판에서 과제 질의응답 공간을 따로 마련할 수도 있다. 일반적으로 학습자들이 과제에 대한 내용을 읽고도 무엇을 해야 하는지 잘 이해하지 못하는 경우가 있는데 과제의 평가 기준이 과제에 대한 정보를 충분히 담고 있어야 한다. 과제에 대한 안내는 구체적일수록 좋고, 평가 기준은 학습자들이 이해하기 쉽고 이를 통해 과제에 대한 목표를 세울 수 있도록 해야 한다. **평가 기준은 학기초 수업계획서에 명시된 대로 일관성을 유지**하는 것이 매우 중요하다.

과제에 대한 점수를 부여하는 것은 성적처리나 학점과 직접 연관되는 것이므로 루브릭은 가능한 타당한 내용으로 작성해야 하며 객관적 평가로 학습자들이 수긍할 수 있도록 작성되어야 한다(15장 평가 참조).

과제평가 루브릭 예시

평가 기준	등급	배점
주제 적합성 문제 상황이 커뮤니케이션과 직접 관련된 상황이며, 교육적으로 해결 가능하며, 맥락을 충분히 이해할 수 있을 정도로 구체적으로 진술되었으며, 현실세계를 반영하며, 본 과목의 특성에 부합하는가		20점
실행 가능성 제안된 문제 해결안이 교육적인 맥락에서 적용 가능하며, 현장에서 가용한 자원과 지원으로 실행 가능하며, 문제 상황을 해결하는 데 적합한가		40점
창의성 제안된 문제 해결안이 기존의 다른 방법과 다른 창의성이 돋보이는가		20점
비판적 사고 비판적 사고를 통한 성찰과 시사점을 도출하였으며 결론에 도달했거나 혹은 결론 도출을 위한 후속 과제를 제안했는가		20점

총점: 100점

1) 수업과정 모니터링

잘 갖추어진 LMS는 학습자들의 학습현황 기록을 확인하기 쉽고 대시보드가 갖추어진 경우라면 학습자들도 쉽게 자신의 학습현황을 확인할 수 있다.

그러나 기술적인 지원이 제공되지 않는 경우라면 학습자들이 학기 중 학사일정과 수업진도를 잘 따라갈 수 있도록 지원하고 교수자가 지속적으로 모니터링할 필요가 있다. 이때 사용할 수 있는 전략이 **CSM(Could, Should, Must) 메시지 활용**이다. 학기 중 이 시점에서 이 과목에서는 어떤 것을 완수했어야 하는가를 확인할 수 있도록 해주는 것이다. Must는 반드시 했어야 하는 출석, 시험 응시, 과제 제출 등과 같

대시보드 이미지*

은 내용들로 구성하고, Should는 시험 범위 체크하기, 과제 그룹 만들기 등과 같이 반드시 해야 하는 활동들을 준비하는 내용으로 구성된다. Could는 필수 항목은 아니지만 어떤 활동이 학습에 더 도움이 되는 지 추가적인 정보를 주는 것이다. CSM 메시지는 학기 중(개강 3주차, 중간고사 직전, 기말고사 2주전) 3회 정도 게시판이나 SNS 등을 통해 공유하고 학습자들이 자신이 잘 학습하고 있는 지 점검해 볼 수 있게 한다.

50명 이상 대규모 수업의 경우 온라인에서는 관리가 용이하지 않을 수 있다. LMS의 학습현황 로그기록을 지속적으로 모니터링하고 강의수강 차시가 밀려 있거나 접속하여 수강한 시간이 짧은 경우, 주어진 과제를 수행하지 않은 경우는 따로 관리하여 메일이나 SNS 등으로 상담을 시도할 필요가 있다.

---

*   https://www.braincert.com/images/easyblog_articles/142/bc-student-dashboard.png

CSM 메시지 사례

개강 3주차

Could

기말 과제를 위한 팀 구성하기

기말 과제를 위한 주제 탐색해보기

Should

지난 학기 우수 과제 열람하고 시사점 찾아보기

추가 읽기 자료 선택하여 학습하기

중간고사 범위 확인하고 시험 공부 계획 세우기

Must

수업 요약 노트 제출하기

다음 주 학습자료 다운로드하고 worksheet 완성하기

피드백

학습자 만족도가 높은 성공적인 온라인 학습을 위해서 가장 중요한 요인 중 하나는 교수자의 피드백이다. 피드백은 많은 학습자들이 온라인 강의에서 느끼는 부족함을 보완하고 학습효과를 증대시킬 수 있는 가장 좋은 방법이다. 또한, 피드백은 **학습자의 정서적·사회적 영역에서의 만족감**을 높여서 **학습참여도와 학습동기를 증대**시키는데 기여한다. 온라인 학습에서의 피드백의 중요성은 교수자의 피드백이 온라인 대학에서 학습자의 중도 탈락률을 줄이는데 기여하는 중요한 요인이라는 점을 보아도 알 수 있다. 그러면 피드백은 어떻게 제공하는 것이 효과적이고 의미가 있을까?

1. 적시(timely) 피드백

우선 피드백은 **시간상 적절**해야 한다. 시간상 적절한 피드백이란 어느 시점에 피드백을 주어야 학습동기를 고취시키고 학습효과를 높일 수 있는지에 대한 문제이다. 결론부터 말하자면, 비대면 수업에서 피드백에 가장 효과적으로 작용하기 위해서는 **즉각적 피드백**(immediate feedback)을 제공하는 것이 가장 좋다. 학습자가 자신의 학습결과물이나 과제에 대해서 스스로 성찰하고 수정할 수 있는 시간을 준다는 점에서 지연적 피드백의 장점이 있겠으나, 대부분의 학습자들은 과제를 제출하고 나면 피드백을 받기 전까지는 제출한 과제를 다시 보지 않는다. 피드백을 받고 나서야 자신의 과제를 다시 보게 되는데, 이때 과제를 수행한 시점과 피드백을 받는 시점이 가까울수록 과제를 성찰하고 수정하기 쉽다. 과제를 제출하고 2~3주가 흐르고 난 이후에 피드백을 받게 되면 학습자는 이미 그 과제에 대해 상당 부분 잊어버렸거나 흥미를 잃었을 수 있으므로 피드백의 효과가 줄어들게 된다.

또한, 피드백의 기능이 학습동기를 유지시키고 다음 학습에 피드백의 결과가 반영되어 개선을 시키고자 하는 것이므로, 이미 다음 학습이 많이 진행되고 있는 상황에서 피드백을 주는 것보다 미리 피드백을 주는 것이 좋다. 그러나 피드백을 즉각적으로 줄 수 없는 상황이 있을 수도 있고, 학생들이 많은 경우에도 피드백을 주는데 시간이 많이 걸릴 것이다. 이런 경우에는 **미리 기간을 정해서 알려주는 것**이 필요하다. 즉, 시간이 많이 소요되는 피드백의 경우에는 학생들에게 언제까지 피드백을 주겠다고 알려주면 학생들이 '언제 피드백을 받을 수 있을까' 또는 '이 과제는 피드백이 안 나오는 것인가'에 대해 불안해하지 않고 기다릴 것이다.

2. 긍정적 피드백 vs. 부정적 피드백

피드백의 내용은 크게 긍정적 피드백과 부정적 피드백으로 나눌 수 있다. **긍정적 피드백**은 학습결과물에서 잘 한 부분을 칭찬하는 것이다. 이런 긍정적 피드백은 학습동기, 자신감, 성취감을 향상시키고, 자신이 잘 한 부분을 알게 됨으로써 다음 학습에서도 그 부분을 연결시키도록 하여 학습을 강화시킬 수 있는 효과를 준다. **부정적 피드백**은 대부분 **교정적 피드백**(corrective feedback)인데, 학습자가 부족하거나 틀린 부분에 대해 지적을 해주는 것이다. 부정적 피드백은 학습에 긍정적 효과를 미치는 필수불가결한 교수 요인으로, 적절한 부정적 피드백이 없이는 학습개선이 이루어질 수 없다. 그러나 부정적 피드백은 학습자의 개선사항을 지적하는 피드백이므로, 전달하는 방법에 있어서 유의해야 한다.

온라인에서는 텍스트 기반으로 피드백을 제공하는 경우가 빈번한데, 비대면 수업에서는 대면 수업과 달리 서로를 볼 수 없으므로 불필요한 오해가 생길 수가 있다. 따라서 오해가 생기지 않도록 의미를 전달하여야 한다. 예를 들어, 과제에 대한 평가 **루브릭을 미리 제시**하고 이 루브릭을 바탕으로 잘 된 부분과 개선해야 할 부분을 명료하게 전달하면 학습자가 이해하기도 쉽고, 공정한 평가를 받는다고 느낄 수 있다. 또한, 긍정적 피드백으로 시작한 후 "그러나 이러이러한 부분에서는 ~~하게 수정을 하면 훨씬 더 나은 글이 될 수 있다"고 개선해야 할 부분에 대한 피드백을 주는 것도 **학습자의 정서적 측면을 고려**한 좋은 피드백 전략이 될 수 있다. 피드백을 마무리하는 말을 짧지만 긍정적이고 고무적인 코멘트(예: "많이 노력했다는 것이 보입니다", "지난 번 과제보다 많이 발전했어요", "다음 번 과제도 기대가 됩니다")를 주는 것도 **학습자의 자신감을 고취**시키는데 도움이 된다.

3. 피드백의 형식

피드백을 제공할 때 다양한 형식과 채널을 활용하면 피드백을 더욱 효과적으로 전달할 수 있고, 교수자의 부담도 줄일 수 있다. 온라인 학습에서의 교수자의 피드백은 이메일, 게시판, 메시지, 개별 학습자 과제물 폴더 등과 같은 비실시간 채널과 화상 회의와 같은 실시간 채널에서 가능한데, 이를 목적에 따라 적절히 선택해야 한다. 예를 들어, 긍정적 피드백을 줄 때는 게시판처럼 모든 참여자가 볼 수 있는 채널을 사용하면 피드백을 받은 학생의 학습동기와 자신감을 높일 수 있다. 이와 반대로, 부정적/교정적 피드백을 줄 때는 받는 학생이 당황하거나 수치심을 느끼지 않도록 개별 메시지함이나 이메일을 사용하는 것이 좋다.

온라인에서 피드백을 준다고 해서 반드시 텍스트 기반 피드백만을 고수할 필요는 없다. 교수자가 구두로 피드백을 주면 의미를 좀 더 명확하게 전달할 수 있고, 교수자의 시간도 줄일 수 있는 방법이 될 수 있다. 학습자의 과제 파일에 바로 피드백을 주고자 할 때는 PDF나 파워포인트 등은 바로 녹음을 해서 저장을 할 수 있는 기능이 있으므로 프로그램에 내재된 기능을 사용하면 된다. 또는 Vocaroo나 TechSmith Capture과 같은 프로그램을 활용하여 구두로 피드백을 줄 수 있다. Vocarro*는 인터넷에서 피드백을 녹음한 후 생성된 URL을 학습자에게 보내면 학습자가 피드백을 들을 수 있는 간단한 형태의 오디오 서비스이다. TechSmith Capture**는 화면을 캡쳐하고 녹음을 할 수 있는 기능이 있어서 내용에 대한 더 자세한 설명과 교정적 피드백을 줄 때 활용할 수 있다.

실시간 화상 회의 프로그램을 함께 사용하면 의사소통을 더 원활하게 하게 소통 중 오해를 줄일 수 있다. 또한 교수자가 학습자의 질문과 학습자가 잘 모르는 부분을 더 명확하게 이해하고 답변을 해 줄 수 있다. 다만, 단점으로는 학생이 많을 때는 개별적으로 한 명씩 이렇게 실시간 화상 대화를 통해서 피드백을 주기에는 시간이 너무 많이 걸린다는 점이다. 이럴 때는 전달할 피드백의 내용이 유사한 학습자들을 그룹으로 모아서 피드백을 줄 수 있다.

개별 학습자마다 선호하는 피드백 채널이 다를 수 있기 때문에, **피드백 채널은 다양하게** 열어두는 것이 효과적이다. 교수자-학습자 간 다양한 의사소통 채널을 열어 놓음으로써 학습자 입장에서는 학습의 편의성을 높이고, 필요할 때 교수자에게 언제든지 도움을 요청할 수 있다는 정서적인 안정감을 가질 수 있게 된다. 다양한 채널로 피드백을 제공하면, 수업이 진행될수록 교수자와 학습자가 목적에 맞는 최적의 피드백 채널을 찾게 되어 덜 혼란스러워지고 피드백의 내용이 풍부해질 수 있다.

---

*   https://vocaroo.com/
**   https://www.techsmith.com/jing-tool.html)sms

피드백을 일일이 학습자에게 써서 보내는 것 역시 시간과 노력이 많이 요구되는데, 피드백이 꼭 코멘트일 필요는 없다. 루브릭에 맞춰서 **체크리스트**를 만들어 활용하면 평가하는 영역별로 학습자에게 명료하게 메시지를 전달할 수 있다.

과제의 성격에 맞도록 체크리스트와 코멘트를 선택해서 사용하거나 둘을 동시에 사용함으로써 피드백의 효과를 높이고 교수자의 수고를 덜 수 있다.

피드백을 할 때는 전체 학습자에게 한꺼번에 할 것인지, 그룹별로 피드백을 제공할 것인지, 또는 개별적으로 할 것인지에 대해 미리 생각하면 학습자 쪽에서도 효과적인 피드백을 받을 수 있고, 교수자 쪽에서도 시간을 절약할 수 있다.

많은 과제를 평가하고 피드백을 주다 보면, 학습자들이 비슷한 오류를 범하고 있는 것을 발견할 때가 있다. 이럴 때는 개별적인 피드백을 주기보다는 이런 부분을 모아서 전체 피드백을 발송하거나 수업에서 직접 언급을 하는 것도 효과적이다.

비슷한 수준이나 비슷한 과제를 한 학습자들은 **그룹으로 모아서 한 번에 피드백**을 줌으로써 그룹 내에서 다른 학습자에 대한 피드백을 들으면서 자신의 오류도 개선을 할 수 있게 된다. **전체 학생과 그룹별 피드백**을 미리 주게 되면 **개별 피드백**은 거기서 언급되지 않았던 부분에 대해서만 언급하면 되므로, 교수자 입장에서는 좀 더 효율적으로 피드백을 제공할 수 있다.

4. 피드백의 분량

그러면 피드백은 어느 정도로 주어야 좋을까? 많을수록 좋을까? 피드백을 자주 주는 것은 확실히 도움이 되는데 교정적 피드백의 경우에는 너무 많은 피드백을 한꺼번에 제공하면 학습자가 자신감을 상실하고 학습동기가 저하될 수 있다.

즉, 피드백을 한 번에 많이 준다고 학습자가 그 피드백을 모두 이해하고 흡수하여 학습으로 이어지는 것은 아니다.

영어의 예를 들어보자면, 어떤 학생의 2페이지 분량의 영어 작문에서 50개의 오류를 발견하였을 때 이 50개의 오류를 한꺼번에 모두 지적하거나 교정해주는 것이 바람직한가를 생각해봐야 한다. 이 학생에게 50개의 오류를 모두 지적하고 교정해서 돌려준다고 하더라도 대부분의 학생들에게 이 정도의 피드백은 너무 과해서 50개의 오류에 대한 모든 피드백을 이해하고 학습으로 연결되기는 어렵다. 게다가 학생이 50개의 오류를 보는 순간 학습동기를 상실할 가능성도 있다.

이럴 때는 모든 오류에 대해 지적을 하기 보다는 기준을 두고 중요한 오류만 몇 개 지정해서 알려주는 것이 더 효과적이다. 이때 기준이 될 수 있는 것은 **오류의 심각성**(significance)과 **빈도**(frequency)이다. 즉, 전체 과제의 질을 떨어뜨리는 오류거나 반복적으로 나타나는 오류를 우선적으로 처치해주는 것이 모든 오류를 지적하는 것보다 효과적이다. 오류에 대한 **최적의 피드백**(optimal feedback)은 학습자와 과목의 성격에 따라 다를 수 있으므로, 교수자가 기준을 갖고 판단하여 최적의 피드백을 제공해야 한다.

5. 피드백 계획하기

피드백을 줄 때는 **규칙적**으로 주는 것이 중요하다.

과제나 학습결과물에 대한 피드백 뿐만 아니라, 학습자의 전반적인 학습과정에 대한 피드백도 줘야 한다.

LMS를 사용하고 있다면 학습자의 참여도, 학습 진행상황, 과제 제출상황, 성적 등을 수시로 확인하고 잘하고 있는 부분에 대한 격려 또는 부족한 부분에 대한 조언 등을 주면, 비대면 수업상황에서 멀어질 수 있는 학습자와 교수자 간의 거리를 좁힐 수 있고 교감과 신뢰를 형성할 수 있다.

비대면 수업에서는 학습자가 스스로 학습을 계획하고 모니터링해야 하는 자기주도적 학습능력이 더 많이 요구되는데, 자기주도적 학습능력이 떨어지거나 연령이 낮은 학습자에게는 쉬운 일이 아니다. **학습과정이나 진행상황에 대한 피드백**을 규칙적으로 제공하면 온라인 학습을 특히 어려워하는 학습자에게는 학습적으로 그리고 정서적으로 많은 도움이 될 것이다.

학습과정에 대한 피드백은 온라인 수업을 준비할 때 한 학기에 몇 번, 어느 시점에 줄 것인지를 미리 계획하면 과제나 학습결과물에 대한 피드백과 겹치는 것을 피할 수 있어서 교수자와 학습자에게 부담이 덜 할 것이다.

외국의 대학에서는 대규모 온라인 수업 시 많은 학생들에게 피드백을 일일이 제공하는 것이 너무 부담스럽고, 피드백 코멘트를 효과적으로 쓰는 것을 어렵게 느끼는 교수자들을 위해서 피드백 예시를 개발하여 제공하기도 한다.

우리나라에서는 아직 이러한 시스템은 없지만, 교수자가 본인의 피드백을 저장해 두었다가 **패턴별로 재사용**할 수는 있을 것이다.

초기에는 시간과 노력이 드는 일이지만, 교수자 나름대로의 시스템이 생기면 그 이후부터는 훨씬 쉬워질 것이다. 피드백 코멘트 쓰는 것은 많은 교수자에게 쉬운 일이 아니고, 이 또한 어느 정도의 경험과 노력이 필요하므로 처음부터 너무 조바심내지 않는 것이 좋겠다.

상호작용

1. 교수자 – 학습자 상호작용

비대면 수업에서는 학습자와 면대면으로 대화할 수 없기 때문에 대면 수업에서와는 질적으로 다른 학습자-교수자 간의 상호작용과 관계가 형성된다. 그러나 오히려 온라인에서 상호작용과 피드백을 잘 활용한다면 대면 수업 못지 않는 긍정적인 관계를 구축할 수 있다.

예를 들어, 교실 상황에서는 다른 학생들을 의식해서 하고 싶은 말이나 질문을 자유롭게 하지 못 하는 학생이 1:1이나 소그룹 화상 세션에서는 훨씬 더 자유롭게 교수자에게 질문을 하거나 의견을 말할 수 있다. 소셜 네트워크의 사용을 일상적으로 사용하고 있는 요즘의 학습자들은 이메일이나 게시판, 블로그, 메시지 등의 도구를 사용해서 의사소통하는데 별로 어려움을 겪지 않는다. 따라서 이러한 매체를 적절히 잘 활용하면 대면 수업에서 활발히 참여하지 않았던 학습자들과도 의사소통을 원활하게 할 수 있다.

온라인 학습에서는 교수자를 볼 수 없는 경우가 많기 때문에 **학습 불안감**이 높아질 수 있다. 이러한 학습 불안감을 낮추기 위해서는 교수자가 항상 옆에 있다는 느낌을 주는 것이 좋은데, 앞서 말한 바와 같이 다양한 소통 채널을 열어놓는 것도 한 방법이 될 수 있다. 또한 **가상 면담시간**을 열어준다. 예를 들어 월 13:00~15:00는 면담시간으로 정해놓고, 그 시간에 학생들이 화상 프로그램으로 접속하여 개별적으로 면담이나 피드백을 받을 수 있도록 하면 학습자들의 불안감을 줄일 수 있다. 가상 면담시간을 정해주면, 설령 학습자들이 그 시간에 오지 않더라도 교수자가 자신들을 위해서 그 시간에 그 곳에 있다는 생각만으로도 안심을 하게 된다. 그리고 모든 학습자와 개별적으로 상호작용을 하도록 한다. 개별적 피드백, 게시판의 답글 및 댓글, 채팅 등 다양한 채널을 통해서 개별 학습자에게 학습상황, 어려운 점 등을 묻고 답변을 해줌으로써 효과적으로 학습동기를 지속시키고 학습이 올바른 방향으로 진행될 수 있도록 도울 수 있다.

2. 학습자 – 학습자 상호작용

학습자 간의 상호작용은 비대면 수업에서 여러 가지 긍정적인 효과를 가져오는 중요한 요소이다. 온라인상에서는 실시간 화상, 게시판, 협력학습과 그룹 과제 등을 통해서 학습자 간의 상호작용이 일어난다. 이러한 상호작용은 인지적인 측면으로는 교과내용에 대한 이해를 돕고 서로 배울 수 있으며, 이를 통해 사고와 생각을 발전시키는 기회를 제공한다. 즉, 학습자 간의 상호작용과 협력을 통해 온라인이라는 공간이 **서로에게 배울 수 있는 공간**(Zone of Proximal Development*)이 되는 것이다. 사회적인 측면으로는, 비대면 수업에서 학습자 간의 교류를 통해 공동체를 형성하고 사회적인 관계를 맺게 되는데, 이는 쉽게 지치고 힘들어질 수 있는 비대면 학습을 지속해나가는데 든든한 버팀목이 된다. 이러한 온라인 상의 학습자 간 교류와 상호작용, 공동체는 정서적인 측면으로도 큰 도움이 되는데, 비대면 학습에서 흔히 느낄 수 있는 외로움이나 고립감과 같은 부정적 감정을 줄이고, 소속감과 유대감을 갖게 되어 정서적으로 안정감을 느끼게 된다.

3. 효과적인 상호작용을 위한 4단계

1) 1단계

온라인에서 만난 학습자들이 바로 친해지거나 상호작용이 일어날 것을 기대하기는 어렵다. 그러므로 단계별로 접근하는 것이 효과적이다. 1단계에서는 가벼운 **아이스브레이킹**(icebreaking) 활동으로 서로에 대한 경계심을 좀 내려놓고 가볍게 탐색을 하면서 관계를 형성할 수 있는 그라운드를 만든다. 1단계에서 해야 할 중요한 것은 학습자에게 **네티켓**을 이해하고 실천해야 한다는 것을 알려주는 것이다. 네티켓 (8장 참고)과 온라인 수업의 규범을 이해하고 지키지 않으면 여러 가지 문제점을 발생할 수 있으므로 이 점을 분명하고 명확하게 학습자에게 주지시켜야 한다.

---

*   Vygotsky, L. (1978). *Mind in the society*. Cambridge: Harvard University Press.

2) 2단계

아이스브레이킹 활동을 통해 어느 정도 가까워졌다고 느끼게 되면, 2단계에서는 그룹활동에 참여하여 소규모 집단에서 친밀감을 발전시킬 수 있도록 한다. 이 단계에서는 소그룹 토론이나 게시판 토론과 같은 가벼운 그룹활동이 적합하다. 화상 시스템 중에 소규모 그룹을 만들고 간단한 토론 과제를 부여하여 그룹 내에서 상호작용을 통해 주어진 토론이나 과제를 마칠 수 있도록 한다. 수업 규모가 크다면 게시판에서도 소규모 그룹으로 나누어 그룹 내에서 상호작용을 할 수 있도록 한다.

3) 3단계

3단계에서는 다른 학습자에 대해서 어느 정도 알게 되고, 그룹 프로젝트를 함께 수행할 수 있는 멤버들을 스스로 고를 수 있을 수 있어야 한다. 이 단계에서는 서로 **부족한 부분을 보완**할 수 있으며, 과제 수행이나 학업에 있어서 **시너지 효과**가 날 수 있도록 그룹 내의 역학관계와 상호작용이 효과적으로 작용하는 단계이다. 학습자마다 강점과 단점이 있으므로, 이 단계의 학습자들은 이 부분을 서로 파악하여 서로 협력하여 학업과 과제를 수행해 나간다. 예를 들어, 유튜브 동영상 만들기 과제에서 서로의 강점을 파악하여 수행하는 역할을 분담하여 과제를 성공적으로 완수할 수 있어야 한다. 이 단계에서는 전체 학급 내에서의 상호작용도 활발히 이루어져서 전체 토론이나 게시판에서도 교류가 활성화되는 단계이다.

4) 4단계

마지막으로 4단계는 **서로에 대한 성찰과 건설적인 비판**이 가능해지는 단계이다. 3단계에서 사회정서적 교감과 유대감이 형성되었다면, 4단계에서는 온라인상에서 서로에 대한 격려와 칭찬뿐 아니라 조언과 반대의견도 받아들일 수 있는 성숙한 단계로 접어들게 된다. 이 단계에서는 **학습공동체**가 효과적으로 작동을 하게 되며, 학습자는 공동체의 책임 있는 일원으로서 행동하게 된다. 인지, 학습적 측면을 넘어서 사회, 정서적 측면에서 서로에게 지원과 협력을 한다. 온라인 학습에서 성숙한 문화가 형성되고 학습자가 이 공간을 편안하고 안정적인 곳이라고 느끼게 되는 단계이다.

3. 토론

토론은 학습에서 자주 이루어지는 학습 활동이다. 토론을 통해서 자신의 의견을 정리해서 전달하는 능력, 다른 사람의 의견을 경청하는 습관, 자신과 다른 의견을 수용할 수 있는 태도, 다양한 의견을 종합하여 결론을 도출할 수 있는 능력을 기를 수 있으며, 학습자 간의 상호작용을 증진시켜 학습공동체를 발전시키고 정서적으로도 유대감을 형성할 수 있다.

토론은 **시작과 종료**가 있어야 한다. 토론의 시작은 문제를 탐색하고 토론의 주제를 생성하는 것으로 시작하여, 학습자 간의 의견 교환을 통해 발전해 나가게 된다. 의견 교환을 하면서 토론의 주제는 다양한 생각과 시각으로 전개되어 간다. 토론의 마지막 단계에서는 이러한 다양한 의견을 종합하여 결론을 도출하고, 결론을 실제 문제에 적용하는 단계까지 나아가게 된다. 주제에 따라서는 결론이 없는 토론이 될 수도 있으며, 다양한 의견과 경험을 공유하는 정도까지만 진행이 되어도 충분히 성공적인 토론일 수 있다.

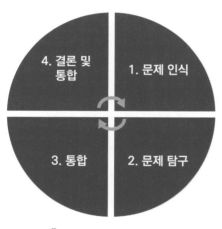

토론의 단계*

* Garrison, D.R., Anderson, T., & Archer, W. (2000). Critical inquiry in a text-based environment: Computer conferencing in higher education. *The Internet and Higher Education, 2*(2-3), 87-105.

1) 화상 토론

온라인 수업에서 토론은 실시간 화상과 게시판을 통해서 주로 이루어진다. 화상 수업에서는 학생 숫자가 많으면 토론이 이루어지기 어렵고, 학생들도 토론에 소극적이 되기 쉽다. 따라서, 화상 토론은 **소규모 그룹**으로 나누어 진행을 하는 것이 좋다. 그룹토론을 하는 경우에는 **토론 시간**을 명확하게 정해주고 토론의 결과를 도출해야 한다는 점을 주지시킨다. 그룹은 **4~8명** 정도가 적당하며, **그룹 내에서 역할**을 정해주는 것이 토론을 효과적으로 진행하고 결론을 도출하는 데 도움이 된다. 토론을 진행하는 중재자(moderator)와 시간관리(time keeper), 기록원의 역할이 필요한데, 역할은 매 시간마다 바꾸어서 학습자들이 다양한 역할과 책임을 맡아볼 수 있는 기회를 준다. 그룹토론 후에는 전체 학급 세션에서 각 그룹별로 도출한 결론과 의견을 보고하도록 한다.

교수자가 참여하지 않는 소규모 그룹토론에서 토론이 제대로 진행되지 않을 수 있으므로 토론의 결과물을 어떻게 제출할 것인지 명확하게 알려주어 토론에 집중할 수 있도록 한다. 학습자들이 그룹토론을 하는 동안에 교수자는 각 그룹에 방문을 하여 참관을 하거나 토론에 참여를 함으로써 학습 진행상황을 살피고 토론이 제대로 진행되지 않는 그룹에는 내용에 대한 아이디어를 제공하거나 진행상황에 대한 조언을 한다. 그룹토론 중 질문이 있으면 화상 프로그램에 있는 **"손들기"**나 **"채팅하기"** 등의 기능을 이용하여 다른 그룹에 있는 교수자에게 질문을 하거나 도움을 요청할 수 있다는 것을 미리 알려준다. 소그룹 토론에서 토론과 관련이 없는 이야기를 오래 하거나 비속어를 사용할 수도 있으므로 이 점을 주의해야 하며, 개선이 되지 않는 경우에는 소규모 그룹토론 도구 사용보다 다른 방안을 모색할 필요가 있다.

2) 게시판 토론

구두 토론의 성격상 화상 토론에서는 말을 잘하고 적극적인 성격의 학습자들이 토론을 주도하고 **소극적인 학습자**들은 자신의 의견을 적극적으로 피력하지 못 할 수 있는데, 이럴 때 게시판 토론을 적절히 활용하면 더 많은 학습자들을 토론에 참여시킬 수 있다. 시간의 제약을 받는 구두 토론과 달리 게시판 토론에서는 주제와 내용에 대해 충분히 **시간을 갖고 생각을 한 후 포스팅** 할 수 있기 때문에 실시간 토론에서 적극적이지 못한 학습자들이 자신의 생각을 공유할 수 있는 공간이 될 수 있다. 따라서 실시간 화상 토론(또는 대면 수업 토론)과 게시판 토론을 적절히 병행하면 학습 효과를 높이고 학습자 간의 상호작용도 증대된다.

주제 선정과 동기 유발

토론 게시판은 온라인 학습과 블렌디드 학습에서 빈번하게 쓰이는 도구인데, 게시판 토론을 성공적으로 만들기는 쉽지 않다는 것은 이미 많은 교수자들이 경험했을 것이다. 게시판 토론을 활성화시키기 위한 가장 일반적인 전략은 의무적으로 게시판 토론에 참여를 하도록 하거나 게시판 토론 참여에 점수를 부여하는 것이다. 이 전략은 어느 정도 효과가 있긴 하나, 이러한 **외재적 보상**은 한계가 있다. 학습자들은 보상을 얻거나 불이익을 피하기 위해서 피상적으로만 토론에 참여하는 경우가 발생한다.

예를 들어, 한 학기에 토론 게시판에 글쓰기를 5번 이상 하라고 요구했을 때 학습자는 피상적인 글을 5번 올린 후 다른 학습자의 글에는 전혀 관심을 갖지 않을 수 있다. 이렇게 되면 게시판에서 토론이 이루어지는 것이 아니라 각자 자기 숙제를 '던지는' 형태가 되어서 게시판은 진정한 대화(dialogue)의 장이 되지 못하고 그저 연속적인 혼자 말하기(serial monologue)가 되기 쉽다. 이러한 현상을 피하고자 댓글 5번 올리는 것을 추가적으로 의무화하면, 학습자는 또 형식적이고 피상적인 댓글(예: "Nice job!" "동의합니다")을 올림으로써 토론이 제대로 진행되지 못할 수 있다.

실시간 토론에서도 마찬가지지만, 특히 게시판 토론이 성공적으로 진행되기 위해서는 외재적 보상보다는 **내재적 동기**가 필요하다. 즉, 토론에 참여하고 싶은 생각이 들 정도로 주제가 재미있고 흥미로워야 한다.

게시판 토론 주제의 예시

좋은 주제	좋지않은 주제
두 개 이상의 관점이 있는 주제 맞고 틀림 보다는 판단을 요하는 주제 학습자가 자신의 이야기와 경험을 말할 수 있는 주제 강의 내용에 대한 깊이를 더 할 수 있는 주제 학습자가 토론을 위해 조사하고 탐색해야 하는 주제	개념의 뜻을 쓰는 주제 한 가지 이상의 답을 찾기 어려운 주제 학습보다는 논쟁만 하게 하는 주제

따라서 학습자를 적극적으로 게시판 토론에 참여시키기 위해서는 **토론 주제 선정**이 중요하다. 게시판 토론이 활성화 되지 않는 가장 큰 이유 중 하나는 토론의 주제가 너무 어렵거나 흥미롭지 못하기 때문이다. 토론은 학습의 일부이기 때문에 학습 내용에 대한 주제를 선정

하는 것이 일반적인데, 같은 주제라고 할지라도 너무 무겁지 않은 주제를 선정하면 주제에 대해 지식이 풍부하지 않은 학습자도 참여할 수 있다. 또한 주제에 대한 지식만을 묻지 않고 경험을 공유하게 하는 것도 더 많은 학습자를 참여시킬 수 있는 좋은 방법이다. 학습의 대주제와 연관해서 학습자에게 스스로 토론 주제를 생성하게 하는 것도 학습자들이 토론에 흥미를 가질 수 있도록 하는 좋은 방법이다. 블로그나 다른 소셜 네트워크에 비해서 게시판은 소유권이나 주인의식 개념이 약하기 때문에 학습자들이 주체적으로 관리하지 않는 편이다. 그러나 자신이 생성한 주제에 대해서는 주인의식이 생겨서 다른 학습자들이 의견을 올리면 더 적극적으로 답변을 하게 된다.

게시판에서 배우기

인지적인 측면에서 게시판 토론은 읽고, 성찰하고, 분석하는 과정을 거쳐 지식과 생각을 연결시켜 결과적으로 새로운 지식을 창출하고 습득하는 것을 목표로 한다. 즉, 게시판 토론을 통해 자신이 기존에 알고 있던 지식과 경험을 새로운 지식과 연결하여 지식을 넓혀나가게 된다. 물론 대면이나 화상 수업 토론에서도 이와 같은 과정을 거치게 되지만, 게시판은 비실시간이라는 특성으로 인해, 각 과정에 더 충분한 시간을 사용할 수 있으므로, 더 깊은 **성찰과 분석**이 이루어질 수 있는 장점이 있다.

게시판 토론에서는 **문제를 인식**하고, 그 문제에 대해 **탐구**하며, **다양한 견해와 생각을 공유**하고 마지막에는 분절되어 있던 생각과 지식을 종합적으로 모아서 **결론을 도출**하는 과정으로 마무리를 하게 되는데, 이 때 마무리나 요약하는 과정이 명확하고 가시적이면 더 효과적이다. 교수자가 핵심 아이디어에 대해 요약과 정리를 해줄 수도 있고, 학습자 중에 순서를 정해서 마무리하는 역할(wrapper)을 맡아도 된다. 또는 토론 주제에 대해서 성찰 글이나 이번 토론에서 무엇을 배웠는지, 앞으로 어떻게 적용할 것인지에 대해 각자 글을 올린다. 가능하다면 대면이나 실시간 화상 수업에서 게시판 토론의 결과, 성찰, 요약, 정리 등을 하는 시간을 가진다면 더 효과적인 방법이 될 수 있다.

🔍 게시판 토론에 좋은 질문을 만드는 팁

- 학습자의 **흥미**를 끌고 **호기심**을 자극할 수 있는 질문을 던진다.
- 닫혀있거나 답이 정해져 있는 질문보다는 **개방형 질문**을 한다.
  답이 있는 질문은 퀴즈 등을 통해서 답을 생각하게 하는 것이 더 효율적이다.
- **소크라테스식 질문**을 한다.
  학습자가 낸 의견에 대해 왜 그렇게 생각하는지, 그렇게 생각한 증거나 예시에 대해 질문한다.
  때로는 반대되는 의견을 제시한다. 이러한 질문은 학습자가 너무 피상적인 글이나 댓글을 올리지 않고 의미 있는 글을 올릴 수 있는 가이드가 될 수 있다.
- 해당 학습의 **핵심내용**에 초점을 두고 물어본다.
- **비판적 사고와 성찰**을 할 수 있는 질문을 한다.
- 학습자들 간의 생각과 **관점 차이**에 대한 질문을 한다.
- 토론의 내용이나 결과가 어떻게 실생활과 **실제 세계로 연결**될 수 있는지 고찰을 할 수 있는 질문을 한다.

게시판에서 유대감 형성하기

게시판 토론은 비대면 수업에서 다른 학습자들과 함께 그리고 다른 학습자들로부터 배운다는 장점 외에도 정서적인 유대감을 형성할 수 있는 좋은 방법이다. 교수자는 토론 게시판에서 학습이나 주제와 관련 없는 글이 올라오는 것이 학습에 방해가 된다고 생각하고 불필요한 글이라고 생각할 수 있다. 그러나 게시판이 **사회적·정서적 측면**에서 효과적으로 활용이 될 때 **인지적·학습적 측면**에서의 효과도 상승할 수 있다. 주제에 관해 의견을 나눌 때 자신이 갖고 있는 지식만 보여주는 것이 아니라 자신의 경험이나 개인적인 이야기를 나눌 때 사회적인 교류가 일어난다. 그리고 학습자가 **정서적 안정감**을 갖게 될 때 온라인 학습환경을 더 인간적이고 안전한 곳이라고 느끼게 되어, 결과적으로 더 적극적으로 공동체활동에 참여하게 된다.

게시판에서 주제에 대한 지식만을 토론하기 보다는 사회적·정서적 글이 함께 올라올 때 **상위 수준의 사고 단계**에 도달하기가 쉽다.* 이는 온라인 학습공간이 안전하다고 느끼고 스스로를, 그리고 서로를 공동체의 일원으로 여기게 되면 의견을 더욱 활발히 나누게 되고, 건설적인 비판을 할 수 있게 되며, 그러한 비판도 열린 마음으로 수용할 수 있는 문화가 생겨나기 때문이다. 이러한 **사회·정서적 유대감**이 없으면 토론이 상위 수준 사고단계로 진행되지 않고 하위단계에서 머무르게 되는 경우가 많다. 사회적 교류를 할 수 있는 게시판을 분리해서 사용하면 학습과 관련된 토론의 흐름을 깨지 않으면서 학습과 관련이 없는 사회적·개인적 교류를 할 수 있다.

---

* Lee, S-M. (2014). The relationships between higher order thinking skills, cognitive density, and social presence in online learning. *Internet and Higher Education, 21*, 41–52.

게시판에서 소그룹 만들기

게시판 토론도 실시간 토론과 마찬가지로 목적에 따라 소그룹으로 게시판을 따로 생성해서 사용할 수 있다. 즉, 학급 규모가 너무 크다거나 비대면 수업 초기단계에서 소그룹토론으로 학습자 간 상호작용을 높이고자 하면 소규모 그룹 게시판 토론이 효과적이다. 또한 수업 목적에 따라 각 그룹이 다른 주제에 대해 탐색을 하게 할 수도 있다. 실시간 수업을 하는 경우라면 그룹별 발표를 통해서 각 그룹에서 얻은 결론에 대해 요약해서 발표하는 기회를 갖는 것이 좋다. 실시간 수업이 없는 경우라면 그룹별로 요약본을 공유하도록 한다. 다른 그룹과 결과물을 공유함으로써, 토론을 마감한다는 느낌을 가지게 되며, 학업결과물에 대한 성취감도 높아진다.

실시간 혹은 게시판 토론에서 그룹을 만들 때 한 학기 동안 같은 그룹에서 토론을 하는 방식과 팀원을 바꾸는 방식이 있는데 각각의 장단점이 있다. 계속 **같은 그룹을 유지**하는 경우에는 편안한 환경과 유대감, 친밀감이 생기는 장점이 있는 반면, 시각이 고착화되거나 아이디어가 더 이상 발전하지 않을 수도 있다. 또한 팀원간에 너무 편안하거나 친밀해져서 토론을 오히려 적극적으로 하지 않을 가능성도 있다. 그리고 무엇보다도 그룹 밖의 다른 학습자들과 의견을 교환할 수 있는 기회가 제한된다. 특히, 온라인으로만 진행되는 수업에서는 같은 그룹으로만 한 학기를 운영하게 되면 학기말에 학습자들이 서로를 알 기회가 없기 때문에, **가끔씩 그룹을 새로 편성**하여 더 많은 학습자들과 만나고 더 많은 생각을 공유할 수 있는 기회를 주는 것이 좋다.

게시판 평가의 예시

영역	내용	점수
참여도	참여하지 않았다. (0점) 최소한으로 참여하였다. (1점) 가끔 참여하였다. (2점) 적극적으로 참여하였다. (3점)	
내용 적절성	내용이 주제와 큰 관련이 없었다. (1점) 내용이 적절하나 깊이는 부족했다. (2점) 내용이 적절하고 예시와 깊이가 있었다 (3점)	

　　토론 중에 다른 학습자들에게 상처를 주거나 학습에 방해가 되는 언행을 하는 경우가 있는데, 이 점은 교수자가 특히 유의해야 할 부분이다. 토론 중 불미스러운 일이 생기지 않도록 미리 **규칙을 정해서 Dos와 Don'ts를 공지**하고, 이를 어기는 학습자에게는 따로 주의를 주는 것이 필요하다. 건전한 토론 문화의 중요성을 일깨워주고 모든 학습자가 함께 노력을 해야 한다는 점을 주지시켜야 한다. 게시판은 특히 문자로만 소통을 하기 때문에 의도가 잘못 전달될 수 있다는 사실을 알려주고 불필요한 오해가 생기지 않도록 한다. 비판이 필요할 경우에도 의견에 대한 건설적인 비판을 하도록 하며, 절대 상대방 개인에 대한 비판을 하지 않도록 해야 한다. 게시판을 글을 올리기 전에 **한 번 더 읽어보고 올리는 습관**을 들이면 우려하는 문제를 많이 해결할 수 있다. 교수자도 부정적인 의견이나 피드백을 주어야 하는 경우에는 게시판보다는 개별적인 메시지나 이메일을 통해서 전달하며, 게시판에는 칭찬이나 학습을 독려할 수 있는 긍정적인 메시지를 올린다.

TIP | 성공적인 온라인 토론을 위한 팁

1 K-W-L(What you know – what you want to learn – what you have learned)을 게시판 토론 주제로 활용하여 무엇을 알고 있고 배웠는지를 토론 주제로 사용한다.

2 **핵심적/일반적 → 세부적/구체적인 내용으로 토론을 진행한다.**

3 토론을 통해 [문제 파악 → 탐구 → 확산 → 분석 → 종합 → 결론 도출 → 적용] **학습 사이클을 진행할 수 있도록 도와준다.**

4 토론 초기에는 교수자가 토론의 **모델링**을 제공하고 이후 점차 **학습자 중심**으로 옮겨간다.

5 **교수자의 실재감**이 사라져서는 안 된다. 항상 모니터링하고 있으며, 필요할 때 지원을 하고 있다는 느낌이 들도록 한다.

6 게시판 토론을 **수업에서 연계**한다. 게시판에서 이해하기 어려워하는 부분에 대해 수업시간에 이를 설명해 주거나, 좋은 내용에 대해 칭찬을 해 준다.

7 **[좋아요]와 이모티콘**을 사용하면 학습자들이 더 흥미를 갖게 된다.

8 게시판 토론을 성적에 반영한다면 **루브릭**(예: 참가 횟수, 내용의 적절성, 커뮤니티 공헌도, 상호평가)을 미리 제시한다.

9 게시판은 학습자들의 **멘탈 모델**(mental model)을 볼 수 있는 좋은 기회이므로 수시로 모니터링한다.

수업 에피소드: 게시판 토론

다음은 멀티미디어 영어교육 수업 에피소드이다.

이 수업은 학부 2, 3학년 30명이 수강하고 있다.

이 수업은 동영상 강의(30%)와 실시간 화상 수업(70%)을 병행으로 주당 2번 씩 75분 수업을 기준으로 운영되고 있다.

이 수업에서는 학습내용과 관련된 토론은 토론 게시판에서, 수업운영이나 과 제 등에 대한 질문과 답변은 Q&A에서, 사회적 교류는 오픈 게시판에서 하도 록 클래스 규칙을 만들었다.

학기 초에 오픈 게시판에서 학생들이 서로 자기 소개를 하였는데, 대부분이 짧게 형식적으로 인사를 하는데 그쳤다.

몇몇 학생들은 자신이 좋아하는 여행지나 맛집을 사진과 함께 소개하였다.

이 수업에서 게시판 참여는 성적에 반영되지 않고 자율적 참여를 권장한다.

2주차에 교수는 다음 수업의 주제에 대해 토론 주제("우리나라 교육과정의 핵 심과 문제점")를 올리고 학생들에게 해당 수업 전에 주제에 대해 미리 생각해 보고 토론 내용을 올리라고 하였다.

대부분의 학생들이 주제에 대한 자신의 생각을 올렸으나, 댓글은 거의 달지 않았다. 교수가 수업시간에 이 주제에 대해 토론을 하면서 게시판에 관해 의 견을 물었더니, 학생들은 토론 게시판에 의견을 쓰는 것이 쉽지 않았다고 말 했다.

3주차에는 교수가 수업에서 다루었던 주제("영어교육에서 바람직한 평가방안") 를 게시판에 다시 토론 주제로 올렸다.

학생들이 이번에는 훨씬 더 긴 글을 올리고 다른 학생들의 글에 대한 댓글도 달기 시작했다.

다음 수업시간에 교수가 학생들에게 게시판에서 토론이 활발해졌다고 언급을 하였다.

학생들은 이미 수업시간에 내용에 대해 배웠기 때문에 생각이 더 많아지고 쓰고 싶은 의견이 생겨서 게시판 쓰기가 훨씬 쉽고 재미있었다고 말했다.

교수는 게시판의 의견 중 창의적이고 특이한 의견 두 개를 언급하면서 왜 그렇게 생각하게 되었는지 해당 학생들에게 질문하고 이에 대해 잠깐 토론을 하였다.

4주차에는 수업 주제에 대해 학생들이 그룹별로 주제를 만들어서 게시판에 올리도록 하였다.

학생들은 다른 그룹이 생성한 주제에 대해 의견을 남겼는데, 주제를 생성한 그룹의 학생들이 자발적으로 상대방의 의견에 대해 자신들의 의견을 올리고, 원래 의견을 낸 학생들이 다시 글을 올리면서 토론이 길게 이어져 나가기 시작했다.

교수는 토론을 보면서 좋은 의견에 칭찬을 남기기도 하고 "왜 그렇게 생각하는지", "그 의견을 교육에 적용을 하면 어떻게 구현될 수 있는지" 등에 대한 질문을 하였다.

6주차에 학생들은 홍콩의 대학생들과 실시간 화상 토론으로 "COVID-19이 바꾸어 놓은 우리사회와 교육"이라는 주제에 대해 70분간 토론을 하였다.

이후 같은 주제로 게시판에서 토론을 이어나갔다.

이 주제는 학생들이 현재 겪고 있는 문제이기 때문에 학생들은 많은 의견을 올리고, 찬성과 반대 의견을 거치면서 앞으로는 어떻게 될 것인지를 예상하는 단계로 나아갔다.

또한, 게시판에는 COVID-19 때문에 너무 삶이 힘들어지고 우울했었는데 홍콩 학생들도 같은 일을 겪고 있음을 알게 되면서 오히려 위로를 받았다는 글들이 올라왔다.

8주차에는 학생들이 중간과제인 "디지털 스토리텔링"을 게시판에 올렸다.

이때부터 정말 많은 댓글이 달리기 시작했다.

학생들은 대부분의 다른 학생들의 과제에 댓글을 달았다. 댓글은 대부분 칭찬이었는데, 상당히 구체적으로 과제의 내용에 대해 언급을 하고 있는 것으로 보아 다른 학생들의 과제를 보고 올린 것이 분명했다("OO 부분은 놀라워요. 이런 엄청난 상상력이… OO학우님은 천재신 듯" "기술적으로 이 정도까지 구현할 수 있다니…").

때로는 개선점에 대해 조언을 하기도 했다.

칭찬이나 조언을 받으면 과제를 한 학생은 꼭 [좋아요]를 누르고 감사하다는 답글을 달았다.

학생들은 예상 외로 다른 학생들의 과제에 관심을 많이 보였다.

몇몇 학생들은 게시판에 "교실 수업에서는 다른 학생들 과제를 볼 기회가 없었는데 다른 학우를 과제를 보는 것이 재미있고, 배울 점이 많았다", "여지껏 과제는 그냥 교수님께 제출하는 것이었는데, 다른 친구들이 보고 댓글을 남겨주니까 뭔가 작품을 만든 것 같아서 뿌듯하다"라는 의견을 남겼다.

교수의 성찰노트

4주차를 들어서면서 게시판 토론이 활발해지고 토론의 내용이 풍부해지고 발전하였다.

이때부터는 학생들이 각자 글을 쓰고 떠나는 것이 아니라 같은 토론 게시판에 여러 번 들어와서 새로운 의견과 댓글을 확인하고 답글을 계속적으로 이어나갔다.

시간이 흐를수록 학생들은 정서적/사회적인 댓글을 달기 시작했는데, 이로 인해 학생들의 관계가 더 돈독해지고 상호작용이 늘어났다.

자신의 과제에 대한 개선점 지적을 수용하고 감사할 수 있는 문화가 형성될 수 있었다.

과제를 게시판에서 서로 공유했던 것이 신의 한수였다!

실재감*

온라인 교육상황에서 가장 큰 어려움중의 하나가 바로 '고립감'이라고 할 수 있다. 교실 수업처럼 동료 학습자들이 늘 함께 하고 교수자의 수업을 직접 듣는 것과 같은 경험을 하기 어렵고 **'정말 있는 것처럼' 느끼는 실재감(presence)**이 부족할 수 있기 때문이다.

실재감은 내가 이 내용을 제대로 학습하고 있는 것일까, 수업의 흐름을 잘 따라갈 수 있을까와 관련된 학습실재감, 나는 혼자가 아니고 이 수업을 듣는 친구들과 함께 한다고 느끼고 도움을 받을 수 있다고 믿을 수 있는 사회적 실재감, 내 감정을 온라인에서도 잘 표현하고 상대방을 이해할 수 있다고 생각하는 정서적 실재감, 정말 교수자가 늘 내 학습과정을 점검하고 내 질문에 답해주고 과제에 대한 피드백을 해주고 있다고 믿는 교수실재감으로 구분해 볼 수 있다.

이 절에서는 각 실재감을 높여줄 수 있는 전략을 제시하고 있다.

＊ Garrison, D. R. (2017). *E-Learning in the 21st century: A community of inquiry framework for research and practice* (3rd ed.). London: Routledge/Taylor and Francis.

1. 학습실재감(cognitive presence)

어떤 학습상황에서라도 학습자는 내가 정말 이 내용을 얼마나 잘 학습할 수 있을 지에 대해 개인적으로 갖는 신념은 차이가 있을 것이다. 그러나 온라인 상황에서는 혼자서 물리적으로 동떨어져 있고 언제나 실시간 상호작용이 가능한 것이 아니기 때문에 학습내용에 대한 이해나 과제 수행에 대한 염려, 진도를 스스로 관리하고 학습목표를 성취할 수 있을 것인가에 관련된 주관적 신념이 흔들리기 쉽다.

내가 스스로 콘텐츠나 토론, 다양한 학습활동 참여를 통해 학습을 완수할 수 있다는 자신감을 키워주기 위해서는 일회적 노력이 아니라 지속적인 지원과 노력이 필요하다.

학습실재감을 높여주기 위해서는 **첫째, 수업내용(콘텐츠)-과제-상호작용(실시간세미나)-평가가 연계되도록 수업을 설계**할 필요가 있다.

즉 각각의 학습활동이 독립적이고 별개의 것으로 구성되는 것이 아니라 수업에서 배운 내용과 과제, 토론과 같은 학습활동이 모두 연계되도록 하여 학습자가 해당 주제에 조금씩 더 깊이 있게 접근하고 마지막에 자신의 지식으로 표상할 수 있도록 해주는 것이다.

수업 에피소드: 내용-과제-상호작용-평가 연계 수업

다음은 B대학의 [커뮤니케이션과 미래교육] 대학원 과목의 온라인 수업 에피소드이다. 강의는 한 학기 동안 10회의 동영상 강의와 3회의 실시간 화상 세미나로 진행되며 석사과정생 17명이 수강한다.

이 수업은 동영상 강의-게시판토론-과제-실시간 화상 세미나가 연계되도록 설계되었다.

4~5주차는 테크놀로지 활용의 부작용에 관한 동영상 강의가 제공되는데 6주차 수업에서 이와 관련된 실시간 화상 세미나에서 발표와 토론을 하게 된다.

6주차 수업 발표준비를 위해 4~5주차에는 강의를 수강하면서 과제활동을 하고,

5주차에는 과제 결과를 바탕으로 하여 비실시간 토론으로 실시간세미나의 사전 준비가 이루어지게 된다. 아래 표에서 주차별 학습자 활동과 교수자 활동이 요약적으로 제시되고 있다.

주차	수업 모드	주요 학습 활동	교수자 역할
4주차 ~ 5주차	비실시간 강의 수강	2주에 걸쳐 미디어 및 테크놀로지 사용에 따른 부정적인 영향에 관한 강의 콘텐츠를 사전 제작하여 강의를 수강하고 자신만의 노트 작성이나 추가 자료를 탐색하면서 학습을 하도록 유도한다.	교수자 제작 동영상 강의. 외부 동영상 및 참고자료 링크 제공.
4주차 ~ 5주차	과제 활동	사전에 지정된 미디어와 테크놀로지의 긍정적 영향과 부정적 영향에 관한 도서를 선택하여 읽고 서평을 작성. 이때 동일한 도서별로 3~5명의 학생이 함께 읽을 수 있도록 허용하고 그룹토론의 기회도 제공한다.	교수자가 사전에 학생들이 선택할 수 있는 도서를 5~6권 지정하여 목록을 제공.

| | | 각자 작성한 서평을 토론방에 공유하고 그 책에서 "나를 사로잡은 한 문장"과 그 이유를 게시글로 남기게 하고 서로 과제에 대해 피드백하거나 질의응답이 이루어질 수 있도록 유도한다. | 교수자는 사전에 비실시간 토론 내용을 분석하여 실시간 세미나의 토론 발제문을 작성.

토론주제를 범주화하고 학생들이 사전에 토론한 내용들을 예시 주제로 포함시켜서 토론이 구조화될 수 있도록 하는 것이 중요. |
|---|---|---|---|
| 5주차 | 비실시간 토론 | | |
| 6주차 | 실시간 세미나 | 실시간 세미나에서 같은 책을 읽은 소그룹별로 책의 주요 내용에 대한 BookTalk를 진행하고 저자의 입장에서 책을 읽지 않은 다른 학생들의 질문에 답하는 방식으로 서로 다른 책의 내용도 파악할 수 있도록 유도한다.

책에 관한 리뷰가 모두 끝나면 교수자가 사전에 준비한 토론발제문으로 토론을 진행한다. 이때 한 주제당 10분이 넘지 않도록 시간을 조정하면 시간을 탄력적으로 활용하고 참여와 몰입을 유도하는 데 효과적이다. | 대규모 강의의 경우 그룹별 비디오컨퍼런싱 후 전체 wrap up 세션으로 구성. |
| 6주차 | 비실시간 토론 | 실시간 세미나가 끝난 후 후기를 작성하게 하고 추가 발제와 토론이 이루어지도록 유도한다. | 성찰을 유도하고 학습이 완결되도록 지도. |

이 수업은 3주에 걸쳐 [강의-과제-토론-실시간 세미나-토론]이 같은 주제로 연계되어 학습자들이 한 주제에 몰입하고 심화학습을 할 수 있도록 구성한 것이다.

혼자 강의를 비실시간으로 강의를 수강하고 스스로 이해를 증진해야 하는 학습자가 과제를 하면서 자신의 지식을 발전시키고 비실시간 토론을 통해 충분히 맥락화가 된 후 실시간 세미나를 참여하면 학습준비도가 높아지고 학습동기가 유발되어 유의미한 학습활동에 몰입하고 학습실재감을 높일 수 있다.

둘째, 복잡하고 어려운 주제를 좀 더 쉽게 이해할 수 있도록 사전에 수업 내용에 대한 개요나 주요 개념에 대한 설명을 제공해 줄 필요가 있다. 자연과학 관련 과목 등에서 기초적 이해가 필수적으로 요구되는 경우 언제나 반복해서 학습할 수 있도록 5분 내외의 동영상에서 핵심 개념을 설명하고 이를 사전에 학습하게 한 후 실시간 세미나 시간에 심화 내용을 설명하거나 시뮬레이션 등을 통해 실험이나 실습에 참여하게 해볼 수 있다. 학습을 시작할 수 있는 기반을 제공하면 이후 학습에 더욱 자신감을 갖고 참여하게 할 수 있다.

셋째, 학습자들이 학습과정을 성찰하고 자신의 이해도를 점검할 수 있도록 학습자들에게 스스로 과제로 주요 개념 설명 혹은 문제풀이를 하는 2~3분 동영상을 제작하거나 녹음파일로 제출하게 하면 교수자가 **학습자들의 이해도를 점검**할 수 있을 뿐 아니라 학생들이 과제에 참여하는 동안 지식표상(knowledge representation)을 할 수 있는 기회를 제공할 수 있다. 이 활동에 대해 성적에 반영되는 일부 점수나 토큰 등을 제공하여 작은 보상으로 동기부여를 한다. 또한 사이버강의실에 우수 과제를 공개하고 학생들에게 '좋아요'를 받은 경우 평가에 반영하여 보상할 수 있고 학습동기와 실재감을 더욱 높일 수 있다.

전체 평가 비중의 100%에서 참여도를 평가에 포함하면 수시 평가의 형태로 활용할 수 있고 학습자들은 작은 학습활동마다 평가결과를 통해 자신의 학습을 확인할 수도 있다.

TIP ···
사전 동의를 구한 후 우수 과제는 다음 학기의 수업의 참고자료나 강의자료로 활용할 수 있다는 점에서도 매우 좋은 전략이다.

넷째, 학습주제에 대한 **자신만의 학습전략을 습득하고 발전시켜 갈 수 있도록 촉진**한다. 모든 학습자는 자신만의 학습유형이 있고 학습전략을 활용하는 수준도 다양하다. 교실 수업에서는 서로 관찰할 수 있는 기회도 제공되고 자연스럽게 다른 학습자의 학습전략을 따라서 연습해 볼 수 있는 모델링(modeling)의 기회가 있지만 온라인 상황에서는 쉽지 않다. 그렇다고 교수자가 모든 학습자의 유형에 대한 처방과 학습전략 활용을 개별적으로 지원하는 것도 어려운 일이다.

중간고사가 다가오는 시점이나 과제를 수행해야 하는 시점에 학습자들이 서로 공부하기 어려운 부분이나 과제를 이해하기 어려웠던 점을 공유하고 자신이 이를 이해할 때 썼던 방법이나 전략을 공유하게 함으로써 일부 해소할 수 있다. 물론 학습자들이 자신만의 학습전략을 공개하기를 꺼리는 경우도 있을 수 있고 직접적인 효과를 기대하기 어려운 면도 있지만, 이해하기 어려운 내용에 대해 도움을 찾는 과정 자체만으로도 유의미한 학습활동이 되고 학습전략 개발의 시작점이 될 수 있다.

2. 사회적 실재감(social presence)

일반적으로 온라인 학습환경에서는 교실 수업상황과는 달리 '혼자인 것 같은' 사회적 고립감을 느끼게 된다. 학습과정에서 누군가에게 도움을 요청하기도 쉽지 않고, 나와 함께 공부하고 있는 동료가 있다는 것도 느끼기 어려울 수 있다. 그러나 수업을 듣거나 과제를 할 때 누군가의 도움을 받을 수 있다고 인식하게 되면, 사회적 실재감이 높아지고 학습동기도 높여줄 수 있다. 상대를 느끼기 위해서는 상대가 나를 바라보아주고(응시), 동의의 의미로 고개 끄덕여주고, 나의 제스 츄어 등에 눈 움직임을 자연스럽게 나타내고, 긍정이나 부정 혹은 지 루하거나 재미있다는 반응, 상대방의 자연스러운 제스츄어, 표정과 같은 비언어적 요소, 무엇보다 가까이 있다는 느낌이 중요하다.

비실시간 게시판을 쓰는 것보다 실시간 화상 세미나의 경우 비언어 적 요소를 좀 더 많이 활용할 수는 있지만 실제로 기술적 환경의 특성 때문에 사회적 실재감이 갑자기 높아지지는 않는다. 오히려 SNS에서 다양한 이모티콘이나 여러 각도에서의 상호작용에 학습자는 더 흥미 진진하게 느끼기도 한다. 전화통화보다는 SNS 소통을 더 선호하는 세 대적 특성도 있기 때문에 사이버강의실에 SNS를 연동하여 수시 소통 이 일어날 수 있도록 한다.

수업 초기부터 서로 격려하는 것이 중요함을 강조하고 다른 사람의 의견이나 과제 내용에 대해 '좋아요'를 누르는 것을 독려한다. 많은 사이버강의실에는 과제나 토론에 '좋아요' 기능이 있고, 꼭 답글을 달 지 않아도 누군가 내 것을 읽어주었다는 것이 큰 만족감을 주고 사회 적 실재감을 높여준다.

50명이 넘는 대형 수업의 경우에는 교수자가 일일이 토론에 답글 을 하기가 쉽지 않다. 이때 학생들이 서로 답하는 문화를 조성한다. 답글에 대해 무조건 점수를 부여하는 것이 반드시 유의미한 토론으로 이끄는 것은 아니기 때문에, 토론글 중에 내가 가장 마음에 드는 것 세 개를 찾아 과제에 인용하기 등과 같이 다른 학습활동과 연계한다.

주별로 '무플 방지위원회'를 구성하여 답글이 없는 토론글이 없도록 관리할 필요도 있다. 이때 공개적으로 위원회를 구성하기 보다, 비공개로 교수자가 3~4명의 학생에게 이번주에 이런 봉사를 부탁한다고 개별적으로 부탁하는 것이 좋다.

'지난번 토론방 댓글 덕분에 수업이 훨씬 풍성해진 것 같은데, 이번주에 답글 없는 토론글을 살려서 재미있는 수업으로 유도해주세요'라는 가이드라인을 주면 학습자는 교수자를 돕는다는 책임감도 생기고 토론방을 더 적극적으로 살펴보게 된다. 이렇게 순서대로 학습자들이 자연스럽게 활동을 하다 보면 사회적 실재감도 높아지고 학생들은 누군가 늘 내 글을 읽고 답을 해준다는 기대로 더 적극적으로 수업에 임하게 된다.

학습자 중심의 교육패러다임이 강조되면서 강의 수강 외에도 협력을 통한 프로젝트형 과제를 수행하는 것을 바람직한 학습활동으로 제안하기도 한다. 온라인 상황에서 사회적 실재감을 가장 효과적으로 높여줄 수 있는 방법은 협력인데 그러나 뜻밖의 재난이나 위기상황에서 예상치 못했던 온라인 개학이나 입학을 경험하게 될 때 온라인에서의 협력은 기회보다는 도전이 될 수 있다. 아직 한번도 만나지 못한 동료와 협력학습을 하는 것이 쉽게 느껴지지 않을 수도 있다. 충분한 브레인스토밍 시간과 자기소개의 시간, 무엇보다 과제에 대한 맥락화 등의 노력을 기울여야 한다.

때로는 대면 수업과 병행하여 활용해서 서로 잘 알고 있는 학습자들 간에도 온라인에서의 협력이 원활하지 않을 수 있다. 이때 역할과 과제를 부여하고 교수자가 중재자 역할을 하며 과제를 함께 할 수 있

는 맥락으로 이끌어준다. 어떠한 교수학습 상황에서도 저절로 협력
학습이 일어나지는 않으며 충분한 훈련, 맥락화 및 과제의 설계, 풍
부한 자원, 충실한 지침이 필요하다(온라인 팀학습전략에 관한 내용은 13장에
서 자세하게 다루고 있다).

3. 정서적 실재감(emotional presence)

**정서적 실재감은 온라인 환경에 대해 긍정적으로 느끼고 자신을 적극적으
로 표현할 수 있고 학습에 대한 동기를 스스로 불러일으킬 수 있도록 해 준다.**
정서적 실재감은 학습과 직접 관련되지는 않지만 학습에 영향을 주는
주요한 변인이다.

학습자들은 다양한 SNS 활동을 통해 자신을 표현하는 데 익숙한 세
대이다. 그러나 이 문화가 수업상황까지 연결될 수 있을 지는 미지수다.
실제로 실시간 화상 수업을 하는 경우 자신의 모습을 보여주기 싫어 카
메라가 천정이나 벽을 향하게 두기도 한다. 발표나 토론 참여에 꺼리
는 모습을 보이기 때문에 학습자들을 독려하여 역동적인 수업 분위기
를 만들기가 온라인 상황에서는 쉽지 않을 수 있다.

학습자들이 이와 같이 나 스스로를 나타내고 표현하는 데 어려움을
겪는 이유 중 하나가 온라인으로 주어진 교수학습환경에 대해 '안전
함'을 느끼지 못하기 때문이다. 즉, 내가 나를 보여주는 것이 환영받
고, 나의 의견이 상대방에게 받아들여지고 때로 잘못 답하거나 내용
을 모른다고 해도 허용되는 안전함에 대한 인식이 공유되는 것이 선
행되어야 정서적 실재감을 높일 수 있다.

온라인 환경에서 접속이 불안하거나 강의실에 접속하는 데 시간이 오래 걸리거나 발표자료를 올리는 데 있어 장애가 발생하기도 하고 나의 비디오 화면이 원활하게 전달되지 않는 등 기술적 오류가 발생하는 상황에서는 테크놀로지 그 자체로도 학습자의 피로도는 충분히 크다. 기술적 어려움을 겪어 강의실에 접속하거나 참여하는 데 지연된 경우에도 교수자나 다른 학습자들이 인내심을 갖고 허용하는 태도와 문화를 형성하는 것이 온라인 환경에서는 중요하다.

비대면 상황이기 때문에 상대방의 반응을 자세히 확인하기 어렵고 표정이나 비언어적 표현으로 단서를 찾기도 어렵기 때문에 내가 한 말이 잘 전달되었는지, 좋은 평가를 받았는지 학습자는 언제나 불안한 상태로 수업에 참여하게 될 수도 있다. 따라서 이러한 '안전함'을 공유하는 것이 우선시 되어야 하고 '좋아요'만 표현하는 것이 아니라 **'다행이야', '괜찮아'와 같은 사인을 서로 보내도록 격려**하는 문화를 조성해야 한다.

특히 기술적 오류로 학습이 지연되고 있는 상황에서는 학습자가 발표를 준비하는 동안 교수자가 틈새 시간에 수업에 관련된 이야기로 공백을 메우면서 재치와 순발력을 발휘해야 한다. 이때 불필요한 농담이나 놀리는 것과 같은 오해를 살 수 있는 말을 하기 보다 준비하는 학생을 기다리는 다른 학생들을 위해, '기다리는 동안 지난 주에 다뤘던 ○○에 관해 혹시 질문이 있나요' 혹은 '이제 곧 과제를 제출해야 하는 데 잠시 짬을 내서 얘기해볼까요'와 같이 자연스럽게 연결할 수 있는 질문을 하는 것도 좋은 전략이 된다.

기술적 오류 외에 학습자들이 잘못된 대답을 하거나 때로 문제가 될 수 있는 의견을 제시하는 경우에는 바로 '틀렸다', '잘못되었다'로 반응하기 보다, '아! 그렇게 생각했군요. 혹시 다르게 생각하는 학생 있나요?'라고 다른 답변을 유도해보거나, 'ㅇㅇㅇ 관점에서 다시 생각해보면 어떨까요'와 같이 부드럽게 언급함으로써 오답을 제시한 경우라도 덜 무안하게 지나갈 수 있도록 도와줄 필요가 있다. 그리고 학생들이 연달아 오답을 하는 경우에는 '이 개념에 대해서 다같이 복습하면 좋을 것 같네요'로 시작하여 짧게 오개념을 바로잡는 것이 좋다.

서로 안전하다고 느끼는 분위기가 충분히 형성되고 나면 학습자가 스스로를 자유롭고 창의적으로 표현할 수 있도록 독려하여 정서적 실재감을 높여준다. 발표자료 작성에 있어서 형식 선택에 자율권을 주고, 이모티콘이나 나를 나타낼 수 있는 멀티미디어를 활용하도록 허용한다. 게시글에 대해 네티켓을 준수하는 것도 중요하지만 엄격하게만 하기보다는 자연스러운 표현을 서로 나누고, 친해지기 위해 유머나 일상 이야기를 나눌 수 있도록 열린 분위기를 조성한다.

정서적 실재감과 관련하여 또 중요한 것 중 하나가 학습자가 자기주도적으로 온라인 학습을 함에 있어 정서적으로 스트레스를 받고 감정관리를 잘 못하는 경우 부정적인 감정에 잘 대처하면서 감정조절을 할 수 있도록 지원해 주어야 한다는 것이다. 예를 들면 시험에 앞서 '시험준비 힘들다…. 오늘 야식 먹을까 말까'로 대화를 풀어가게 하거나, '과제에 관해 궁금한 것 서로 알아갑시다'하고 과제 이해에 어려움을 갖는 학습자가 자연스럽게 질문할 수 있도록 유도한다.

4. 교수실재감(teaching presence)

학습자들에게 관심을 보이고 수용하며 학습을 촉진하는 교수자의 실재를 '교수실재감' 혹은 '수업실재감'이라고 한다. 온라인 교육상황에서 학습자들이 교수자가 나에게 관심을 보이고 나의 학습과정을 모니터링하고 있다고 인식하게 할 수 있는 다양한 전략이 있다.

수업계획서를 작성할 때부터 온라인 학습환경의 특성과 학생들이 물리적으로 서로 떨어져 있음을 인식하고 수업을 설계하는 것이 교수실재감을 높이는 것의 기본이 된다.

수업을 비실시간으로 제공할 것인지 실시간으로 실행할 것인지, 과제는 언제 출제하고 피드백을 어떻게 할 것인지, 학습자들의 참여를 어떻게 유도할지 사전에 고려해야 성공적인 한 학기를 보낼 수 있다.

첫째, 콘텐츠를 만들 때 수업내용을 작성한 교안 위주의 화면으로만 구성하기보다는 교수자의 얼굴을 보여줄 필요가 있다. 특히 수업 초기 학습자들에게 친근한 인사말과 친절한 학습 안내로 수업 콘텐츠를 제작하여 제공하면 학습자들의 수업실재감은 높아질 수 있다.

수업내용 화면에 오디오만 제공되는 강의의 경우 학습자의 몰입이 저하되고 만족도가 낮으므로 오디오 위주 강의더라도 중요 내용 설명에서는 교수자의 모습을 직접 보여준다. 모든 강의콘텐츠에서 교수자의 얼굴을 제시할 필요는 없더라도 '교수님과 함께 하는 수업'으로 느낄 수 있도록 강의의 일부 차시는 얼굴을 보여주는 것이 바람직하다.

둘째, **아이컨택**이 중요하다. 물론 전문적으로 훈련 받은 방송인이 아닌 이상 실시간 화상 강의에서 자연스럽게 토론을 이끌고 카메라를 보며 이야기하는 것이 처음에는 어색할 것이다. 대부분의 경우 교수자가 화면 상의 학생들 화면을 체크하기 위해 컴퓨터 스크린만 보는데 이 경우 학습자는 누구를 보아야 할지, 어디에 시선을 집중해야 할지 오히려 수업이 산만하다고 느낄 수 있다. 따라서 실시간 화상도구를 활용할 때는 카메라와 눈을 마주치고 인사하고, 내용을 설명하는 등의 노력이 필요하다.

셋째, 공지사항과 학습안내 제공은 대면 비대면 수업을 막론하고 중요하다. 특히 온라인 상황에서는 공지사항으로 앞으로의 시험, 과제, 학습활동에 대해 일주일에 한 번 이상 지속적으로 안내한다. 공지사항에 안내해도 학습자들에게 직접 전달되지 않을 경우를 대비하여 같은 내용을 전송한다. 실제로 강의평가 결과를 분석해보면, 공지사항으로 학습에 대해 친절하게 안내한 강의에 대한 수업에 대한 만족도가 높았다. 공지사항은 설명하듯, 이해하기 쉽게, 궁금한 점이 없을 정도로 상세하게 전달할수록 좋다.

공지사항 예시

'학교생활 적응하기' 평가 안내*

안녕하세요?

필수 교과목인 '학교생활 적응하기'의 평가가 어떻게 이루어지는지 궁금하실 텐데요.

평가기준과 방식을 안내해 드리겠습니다.

'학교생활 적응하기' 평가사항은 출석(80%), 설문(10%), 과제(10%)로 구성되어 있습니다.

1. 출석(80%)

'학교생활 적응하기'는 7주차 중 6주차 이상 수강하셔야 이수하실 수 있습니다.

참고로 교육부 기준에 따라 모든 강의는 강의 주차 수의 3/4 이상 수강해야 하며, 출석수가 3/4 미만일 경우 자동으로 F(미이수) 처리됩니다.

※ 출석이 가장 큰 비중을 차지하는 만큼, 반드시 6개 주차 이상 수강하셔야 한다는 점을 숙지하시기 바랍니다.

2. 설문(10%)

설문은 총 두 차례 진행됩니다.

첫 번째 설문은 3주차부터 5주차까지(9월 14일~10월 11일), 두 번째 설문은 6주차부터 9주차까지(10월 5일~11월 8일) 진행될 예정입니다.

해당 기간에 설문이 시작되면 참여해 주시면 됩니다.

3. 과제(10%)

과제는 학업계획과 관련하여 1회 제출하시면 됩니다.

제출 기간은 4주차부터 9주차까지(9월 21일~11월 8일)입니다.

* 　　한양사이버대학교 신입생 필수과목 공지사항에서 발췌

'학교생활 적응하기'는 학과(전공)에 대한 문의사항을 지도교수님과 자유롭게 상의하고, 학과(전공) 동기들과 소통할 기회를 제공하며,
학업 수행 및 진로 설계를 비롯한 학교생활 적응을 도와드리는 과목입니다.

관심 사항이나 궁금한 점이 있으면 메시지 및 문의 게시판에 언제든 문의해 주십시오.

감사합니다.

넷째, 학습자들은 신조어나 줄임말을 많이 사용하는 등 그들만의 문법이 있다. 학생들에게 관심을 표현하고 친숙하게 다가갈 수 있는 전략으로 학습자들이 자주 사용하는 용어들을 익혀서 활용해보는 것도 좋다.

강의 콘텐츠를 만들거나 실시간 세미나를 할 때 인기 있는 캐릭터나 아이콘을 인용하거나 등장시키는 것도 학생들에게 다가갈 수 있는 좋은 전략이다. 단, 이러한 전략은 수업내용과 직접 관련되지는 않으므로 과도한 사용은 오히려 역효과가 있을 수도 있으므로 주의가 필요하다. 강의 콘텐츠에서 교수자를 대체하는 일관된 캐릭터의 활용도 고려해볼 수 있고 교수자 이미지 캐리커처 등을 활용해 보는 것도 좋은 전략이다. 실시간 화상 수업이나 중반부에 학습자들이 지루해 할 때 깜짝 등장으로 주의를 끄는 데 활용하는 것이 바람직하다. 그리고 메일을 보내거나 게시글을 올릴 때 인사말, 혹은 맺음말에서 학습자들만의 언어를 활용하는 것은 학습자들에게 친근감을 줄 수 있다.

다섯째, **개인화 전략**은 교수실재감을 높이는데 매우 효과적이다.

메일에 답하거나 게시글에 답을 남길 때, 내용에 관한 것만 작성하기 보다 "○○○학생, 이런 점이 궁금했군요"라고 하는 작은 노력이 학습자에게는 교수실재감을 높여주고 수업에 대한 만족도도 높여줄 수 있다. 학습자가 20명 미만인 수업이라면 실시간 화상 수업 중 채팅창에도 주의를 기울이고 중요한 내용에는 답해주는 것이 교수실재감을 높여준다. 특히 채팅글을 읽고 "아 방금 ○○○학생이 좋은 의견을 주었네요"라고 언급하는 것은 아주 좋은 전략이다.

여섯째, 교수실재감에서 수업내용과 직접 관련 있는 것 중 가장 중요한 것은 피드백이다. 온라인 수업 과제함에 과제에 대한 피드백을 텍스트로만 제공하기 보다 직접 과제 수정 보완사항에 대해 말로 설명하여 오디오로 피드백을 제공하는 것도 좋은 방법이다. 이외 피드백과 관련한 내용은 10장에서 상세하게 다루고 있다.

팀 학습[*]

1. 팀 구성 전략

팀 학습은 학습자가 학습의 과정에 적극적으로 참여하고, 공동의 목표를 달성하기 위해서 효율적인 의사소통을 통해 상호작용하는 교수-학습방법이다. 자기주도 학습능력, 학습태도, 자기효능감, 동료 이해 등과 교육적 효과 간의 관계가 검증되고 있다.

팀 학습에 대한 교육적 효과에도 불구하고 학습자들은 팀 활동에 대체로 부정적인 태도를 갖고 있는데 팀 활동의 가치를 인식하고 만족도를 높이기 위해 다각적으로 접근해야 한다.

[*]   전성연·최병연·이흔정·고영남·이영미(2010). 협동학습 모형 탐색(2판), 서울:학지사.
한승연·박양주·우영희 (2013), 온라인협력학습의 사례·전략·기법, 서울: 문음사.
Michaelsen, L. K., Knight, A. B., & Fink, L. D. (2004/2009). 팀기반 학습 (이영민·전도근 역). 학지사.

1) 팀 학습의 장단점

장점

- 학습자는 능동적 참여자가 되고 학습에 대한 소유권을 갖게 된다.
- 상호 협력하는 과정을 통해 학생개인의 인지적 부담이 감소한다.
- 협력과정을 통해 학습자의 사회적 역량이 증진된다.
- 학습 과정과 평가에 적극적으로 참여하며 학습책임감이 증가된다.
- 협력학습을 통해 논리적, 비판적 사고력이 증진된다.
- 다른 시각과 관점들을 통해 자신이 구성한 지식의 타당성을 검증할 수 있는 기회가 된다.

단점

- 적극적으로 학습에 참여하지 않고 공동학습 결과를 공유하려고 하는 무임승차 효과가 나타날 수 있다.
- 자기의 노력이 다른 학생들에게 돌아가기 때문에 학습에 적극적으로 참여하지 않을 수 있다.
- 성취도가 높은 학생들끼리 소집단 활동을 점유하고 의사소통의 중심이 됨으로써 성취도가 낮은 학생들이 상대적으로 소외될 수 있다.
- 과제가 주어졌을 때 과제를 적극적으로 해결하기보다 최소한의 노력으로 해결할 수 있는 방안을 협상함으로써 과제에서 요구하는 노력을 회피하는 현상이 나타날 수 있다.

2) 팀 구성 원칙

팀을 구성할 때 학기초라면 무작위로 할 수도 있으나 과제의 성격에 따라 다양한 변인을 고려하여 팀을 구성해야 한다. 팀은 학생들이 자발적으로 구성할 수도 있고 교수자가 지정할 수도 있는데, 팀구성에서 소외되거나 팀 내 갈등이 발생할 소지를 염두에 두고 유연하게 대처한다. 팀 구성 시에는 학생들의 인지적·정의적 특성, 과제의 성격, 학습 공간 등 제반 여건을 고려하여 신중하게 적용하되, 최소한 인지적 영역과 정의적 영역을 모두 반영하는 방식이 효과적이다.

팀 구성의 크기

기본적인 **팀 구성원의 크기는 4~8명(6±2)이 적절**하며, 최대 8명 이상을 넘기지 않도록 한다.

팀 구성 시 학생정보 반영하기

LMS 등을 통해 학생들의 정보를 파악하거나 학습유형에 관한 온라인 설문 등을 활용하여 사전에 학생들의 정보를 수집하여 활용할 수도 있다. 팀 구성 시 고려해 볼 수 있는 요인은 성별, 연령, 학업성취도, 친밀도 등 일반적 사항과 교과나 주제에 대한 태도 또는 효능감, 자기주도 학습능력, 학습스타일, 학습접근방식 등에 관한 사항, 내·외향성, 자아개념, 리더십, 의사소통능력 등과 같은 사항이 포함된다. 소집단 구성 방식에 따라 개인 참여에서 차이가 크게 나타나는 학생들이 있다. 이들은 소집단 구성원의 영향을 더 쉽게 받는 특징을 보이는 데, 학생의 심리적 특성을 잘 살펴서 소집단 구성에 적극 반영할 때, 모든 학생들의 참여를 기대할 수 있다.

동질성과 이질성

학습목적에 따라 팀구성 전략도 다르게 사용할 수 있는 데, 학업성취도 평균 향상하고자 할 때는 동질 소집단으로 구성하고 구성원 간의 편차를 줄이고자 할 때는 이질 소집단으로 구성하는 것이 바람직하다.

대부분의 학생들이 자신들이 스스로 팀을 구성하는 것을 선호하고, 일부 연구에서도 자발적 팀구성이 더 생산적일 수 있다고 제시하고 있다. 그러나 학생들이 자발적으로 팀을 구성하면 친한 친구들과 팀을 이룬 후에 단순히 같이 작업하는 그 경험만을 즐기는 것에만 그치고, 효과적인 학습결과를 이끌어내지 못하거나 프로젝트의 많은 부분들을 끝내지 못할 수 있다. 이미 대부분의 직업 세계에서는 자신의 프로젝트나 팀원을 선택할 수 없다. 이를 인식시키고 다양한 팀원구성으로 활동하도록 유도해야 한다.

2. 팀 활동 상호작용 촉진

팀에서 팀원 간 상호작용에 따라 팀 활동의 결과가 다르게 나타날 수 있다. 이를 위해 팀원 간의 효과적인 커뮤니케이션을 촉진하고 개별 학습활동 및 팀 학습에 기여하고 이에 관한 책임을 인식할 수 있도록 다양한 활동을 제공한다.

1) 팀 활동 가치 인식

팀 활동 전에 **왜 팀으로 활동해야 하는지에 대해서 학생들에게 명확하게 이해할 수 있도록** 해야 한다. 일부 학습자들은 교수자가 직접 가르치지 않고 개별학습에 대한 채점이나 피드백을 주지 않아도 되니까 팀 활동을 한다고 오해하기도 한다. 또한 이전 팀 활동의 부정적인 경험 때문에 팀 활동에 대해 거부감을 갖기도 한다.

졸업 후에 직면하게 될 사회는 매우 복잡한 과제 해결을 요구하고 대부분의 과제는 한 개인의 역량으로 해결하기 어렵기 때문에, 이미 사회에서는 때로는 서로 알지 못하는 사람과도 팀을 이루어 서로 다른 관점과 기술과 능력을 공유하며 업무를 수행하기도 하므로 이에 관련된 역량을 지속적으로 함양하는 것이 필요하다는 점을 강조해야 한다.

그리고 '다른 사람이 나와 팀이 되고 싶게 만드는' 사람이 되도록 스스로 노력할 것을 권하면 학생들도 점차 팀으로 과제를 하는 것에 대해 자연스럽게 받아들이고, 자연스러운 학습문화로 인식할 수 있게 된다. 특히 글로벌 협력, 비대면, 재택근무 상황으로 급변해갈 때 온라인 협력 기술을 높이는 것은 어느때보다 중요함을 인식시켜야 한다.

대부분 학생들은 팀을 효과적으로 어떻게 운영해야 하는지 방법을 모르는 체 팀 학습에 참여하게 된다. 그러므로 팀 학습을 시작하기 전에 다음과 같은 유의 사항을 충분히 안내해야 한다.

- 팀 목적을 위해서는 개인의 목적과 우선순위를 양보해야 하는 때가 있음
- 팀에서 누가 어떤 역할을 하고 권한을 부여받았는지에 대한 부분
- 서로 동의하지 않는 부분에 대해서 어떻게 해결할 수 있는지에 관한 사전 아이디어 공유
- 시간관리 및 운영에 관한 조언

학생들 사이의 활발하고 긍정적인 상호작용을 위하여 팀을 효과적으로 구성하는 것도 중요하지만 동료 학생들과 원활하게 의사소통하고, 갈등을 관리하고, 자원을 공유하고, 민주적으로 의사를 결정할 수 있는 팀 학습을 위한 기술들도 함께 교육하는 것이 더욱 중요하다.

2) 팀 활동 규칙

팀원들이 서로를 알 수 있는 기회를 제공하고 이전에 팀 활동에 부정적인 경험을 서로 공유하며 어떤 행동을 피해야하는지 스스로 알 수 있게 하는 것이 좋다. 바람직한 팀 활동을 위한 규칙을 만들어 보게 하는 것도 좋은 전략이다.

- 사람이 아니라 의견에 대해서 비판한다.
- 동의하지 않더라도 끝까지 들어준다.
- 이해가 안 되면 다시 질문한다.
- 문제의 다양한 관점이 있음을 이해하려고 노력한다.
- 입장을 바꿀 때는 그만한 이유가 있어야 한다.
- 모두가 함께 참여하도록 격려한다.

3) 과제 역할 분배

팀 과제는 평소 개인과제로 제시되는 한 명이 할 수 있는 규모보다 훨씬 더 큰 것으로 주어진다. 그러나 규모가 큰 팀 작업 경험이 없는 학습자들은 크고 복잡한 과제를 분석하기 어려워할 수도 있다. 그러므로 교수자 팀 과제의 목적을 분명히 하고 내용을 충분히 안내해야 한다.

학습자들이 과제의 요구사항과 기대사항을 명확하게 이해하고 시작하도록 하는 것이 중요하다. 무엇보다도 팀 학습에서 학습자들이 팀의 공통의 목표와 함께 개별적 책무성이 동시에 갖추어 질 수 있도록 명확하게 설계하고 학습자들이 확실히 인식하도록 해야 효과적이다. 자칫 학습자들이 과제를 분량으로 인식하여 서로 나누어 작성하고 마지막에 종합하는 식으로 진행이 되면 팀 학습의 의의가 없다. 따라서 팀원 간에 역할을 배정하도록 유도하고 분량으로 나누는 것이 아니라 서로 역할을 수행하며 함께 과제를 완성하도록 해야 한다.

학습자들이 팀 작업이 처음인 경우에는 필요한 역할은 무엇인지 정할 수 있도록 도와주고, 누가 어떤 역할을 해야 하는지 그룹이 결정할 수 있도록 절충적인 방안으로 진행해야 한다. 때로는 역할 구분이 아니라 동일한 활동 수행에서 서로 다른 것을 하도록 유도할 수도 있다.

예를 들면 정보 수집단계에서는 각자 어떤 출처로부터 자료를 찾을지 구분하고, 자료 분석단계에서는 누가 어떤 도구로 분석할지 구분하고, 결과보고 작성에서는 누가 보고서의 어떤 부분을 작성하고 발표 자료를 구성할지 구분하도록 한다.

4) 시간 관리

학습자들이 스케줄을 조정하는 것은 매우 힘든 일이다. 팀 작업을 하면서 학습자들이 배워야 하는 것 중에 하나는 과제 완성을 위해 주요안건에 대해 논의하는 것이 중요함을 알게 되는 것이다. 이를 통해 짧은 시간 안에 중요한 분량을 끝내는 것이 필요하다는 것을 알게 될 뿐만 아니라, 다음에 무엇을 끝내야 하는지 알도록 한다. 이 과정을 통해 팀 과제의 진행상황을 스스로 모니터링할 뿐만 아니라 자기주도적인 학습태도를 배양할 수 있는 기회를 제공할 수 있다. 학습자들이 선택한 SNS나 사이버강의실 내 온라인 도구를 활용하거나 실시간 비디오컨퍼런싱으로 자주 소통할 수 있도록 독려한다.

팀 작업에서 처음에 작업해야하는 것 중에 하나가 언제까지 무엇을 끝내야 하는지 타임라인을 만드는 것이다. 타임라인에는 팀 작업 중간보고하는 시점이 포함되어야 하며, 전체 타임라인은 과제를 출제할 때 안내해야 한다. 중간보고에는 팀 작업을 증명할 수 있는 자료와 함께 제출하게 한다. 중간보고 이전이라도 팀 게시판 등을 통해 과제 진행 현황을 파악하고 문제가 없는지 확인하여 필요할 경우 적절한 지원을 제공한다. 중간보고를 할 때는 개별적으로 책임을 다 하였는지에 대한 평가도 해볼 수 있도록 유도한다.

5) 동료평가

동료평가를 통해 팀원들 기여도를 파악할 수 있다. 중간보고 때 형성적 동료평가는 팀원들이 문제 없이 과제를 해결할 수 있는 지 파악하고 바로잡을 수 있도록 초기에 도움을 줄 수 있으므로 이를 잘 활용하여 그룹 내 문제를 빨리 파악하고 조정할 수 있도록 하는 노력이 필요하다.

그룹내 평가 이외에도 다른 팀의 프로젝트에 대해서도 상호평가도 가능하다. 이때 교수자의 평가 권한을 80%로 하고 동일한 루브릭을 학습자들이 활용하여 채점하게 한 후 과제 점수에 20% 정도 반영해 주는 것도 바람직하다.

자기 및 팀원 평가서 양식 예시

	팀 이름: 이름:	각 항목별로 1~3점			
		본인	팀원1 이름	팀원2 이름	팀원3 이름
1	적극적으로 팀 과제 수행에 참여하였다.				
2	팀 회의시간에 정시에 참가하였다.				
3	팀 과제 기한 시간을 준수하였다.				
4	협력적인 팀 분위기 되도록 기여하였다.				
	총점	/12	/12	/12	/12

※ 필수사항
〈자신이 맡은 역할과 자기평가 점수 당위성 기술〉

〈다른 팀원이 맡은 역할과 팀원평가 점수 당위성 기술 〉
• 팀원1
• 팀원2
• 팀원3

학습자들에게 팀 운영 및 과정에서 일어나는 상호작용에 대해 규칙을 만들어보게 하면 더 책임감이 높아진다. 팀 활동에 대한 지속적인 성찰로 문제를 초기에 규명하도록 하고 이와 같이 공유된 책임을 통해 학생들이 팀 활동을 관리하는 법을 배우게 되고 교수자는 이를 통해 전반적으로 모니터링하고 조정할 수 있는 기회를 가질 수 있다.

기여도 관리가 중요하다. 최종 프로젝트는 각 팀원들이 해당 프로젝트에 어떤 기여를 했는지 볼 수 있도록 보고서에 포함시키도록 한다.

발표활동에 관한 상호평가서 양식 예시

발표자 이름		평가자 이름		
평가영역	평가기준			
1. 내용의 적절성	1) 발표주제가 명확한가? 2) 주제와 정보 내용이 어울리는가? 3) 주제에 따른 내용 제시 순서가 적절한가?	상	중	하
2. 표현의 효과성	1) 준언어 표현(목소리 빠르기, 어조, 성량) 2) 비언어 표현 　(눈빛, 몸짓, 제스처, 호감 가는 태도와 자세) 3) 사용한 매체의 적절성	상	중	하
3. 발표 주요 내용(필수)	(자유로운 형식으로 작성-글, 마인드맵, 그림, 도표, 단어 나열식 등)			
평가자 평가(교수자)		상	중	하

※주의사항
1. 매 시간 모든 발표자를 평가해야 합니다 (발표자일 때, 자신의 앞 뒤 두사람 평가는 하지 않아도 무방합니다).
2. 서술식 항목인 3번은 필수적으로 기입을 해야 하며, 기타 의견은 자율적으로 서술합니다.
3. 청중의 기타 의견은 차후 발표자에게 익명으로 전달됩니다. 단, 경솔하게 작성된 의견이 발표자에게 부정적 의견을 줄 수 있으므로 책임감을 갖고 의견을 기술해 주시기 바랍니다.
4. 매 시간 평가지 작성은 개인별 말하기 점수 중의 일부로 반영됩니다. 성실하게 작성해 주시기 바랍니다.

	팀 이름: 이름:	상 3	중 2	하 1
1	나는 전반적인 팀별 학습활동에 만족한다.	3	2	1
2	우리 팀은 강한 팀워크가 형성되었다.	3	2	1
3	팀원 간의 의사소통이 원활하였다.	3	2	1
4	팀 내에서 다양한 의견이 도출되었다.	3	2	1
5	우리 팀은 팀 과제에서 100% 학습성과를 나타내었다.	3	2	1
6	팀 과제는 협동학습을 하기에 적합하였다.	3	2	1
7	나는 팀 과제를 수행하면서 이 과목에 대한 흥미가 높아졌다.	3	2	1
8	팀 과제는 팀원들의 적극적인 협력을 요구하였다.	3	2	1
9	나는 팀 과제를 수행하면서 협동학습에 대한 흥미가 높아졌다.	3	2	1
10	본 교과에서는 팀 학습활동이 필요하다고 생각한다.	3	2	1
〈팀 활동과 관련되어 자유의견 기술〉		총점		
		/30		

3. 팀 활동 동기부여

1) 개별 책무성

응집력 있는 팀으로 발달시키기 위해서는 첫 번째 단계는 수업 전 개인별 준비에 책임을 다하도록 하는 것이다. 그러므로 수업 전에 다음과 같은 사항에 대해 교수자와 학습자 모두 분명하게 인지하고 있어야 한다.

- 만약 개개인의 학생들이 수업 전 예습과제를 수행하는 데 실패한다면 그들이 팀의 노력에 공헌하는 일 역시 실패할 것임.
- 준비부족으로 팀의 응집성 발달을 저해한다면 사전준비를 잘한 학생들은 그렇지 않은 학생들을 원망하게 될 것임.
- 팀을 효과적으로 이용하기 위해서는 학생들이 수업을 위해 개인별로 철저하게 수업 전 준비에 대한 책임감을 부여해야 함.

2) 팀 기여

첫째, 집단 구성원들이 팀 과제를 수행할 준비가 되었는가를 확인한다.

- 학생들이 적극적으로 참여할 준비가 되었는가를 확인.
- 학생들이 팀 과제에 시간과 노력을 투자하는가를 확인.

그러나 교수자가 팀의 성공을 위한 구성원들의 공헌도를 정확하게 파악하기란 쉽지 않다. 이를 위해서는 다음과 같은 평가시스템이 있어야 한다.

- 동료평가(peer assessment) 실시.
- 팀 내에서 개인 다른 구성원들의 공헌도를 평가하는 기회를 제공.

마지막으로 팀에 대한 공헌도 평가를 위한 준거를 마련해야 한다. 예를 들면 다음과 같은 예시들을 반영할 수 있다.

- 팀 학습을 위한 개인준비도
- 수업 출석률
- 교실 밖에서 이루어진 팀 미팅 참석률

- 팀별 회의에서의 긍정적인 공헌도
- 팀 구성원들에게 도움을 주고 팀 활동에 가치를 부여하는 활동

3) 보상

학생들도 긍정적인 결과를 가져온다고 믿는 방향으로 행동하는 경향이 있다. 그러므로 이를 위해 효과적인 평가와 이에 대한 적절한 보상시스템을 개발해야 한다.

보상 시스템에 포함되어야 할 세 가지 요소는 다음과 같다.

첫째, 학생들이 집단에 공헌하고 학습 준비된 정도를 측정하는 정기적이고도 시기 적절한 평가.

둘째, 집단이 완료해야 할 과제의 질을 정확히 평가.

셋째, 고도의 성과를 올리는 집단의 상호작용을 증진시키는 데 필요한 행동에 기반을 두어 학생들을 평가.

구성원들이 집단 과제에 그들의 시간과 에너지를 헌신하는 것에 대한 보상을 제공할 수 있는 가장 효과적인 방법은 그들의 성적 체계에 '집단성과 부분'을 포함시키는 것이다.

- 팀별 과제수행이 가치있게 여겨진다면, 구성원 들이 함께 과제를 수행해야 할 구체적인 이유가 생기기 때문에 집단 내 응집력은 증가됨.
- 집단성과를 보상하는 것은 사회적 타당화를 위한 인간의 기본적인 욕구해소에 도움이 됨.
- 집단으로부터 결과물이 평가되고 보상되면, 다른 집단의 동료로부터 도전받는 상황이 제공되어 집단의 응집성과 학습을 촉진할 수 있는 환경을 만들 수 있음.

4) 평가

성적평가시스템은 개인성과 평가, 집단성과 평가, 동료평가의 세 가지 요소를 반드시 포함시켜야 한다.

학생들은 세 가지 요소들에 대한 가중치를 부여할 수 있으므로, 아래 사항을 반드시 고려하여 평가시스템을 개발해야 한다.

- 팀 활동의 모든 요소들이 중요하다는 사실 인식시키기.
- 각 요소들에 대해 모두가 인정할 수 있는 평가체계를 구축하기.
- 이때, 각 요소들의 가중치를 사전에 교수자가 제공. (예를 들어 개인평가는 10~30% 이내, 집단평가는 10~30% 이내, 동료평가는 30~50% 이내 등)

평가시스템이 학생들에게도 인정받는 시스템이 되기 위해서는 교수자가 어느 정도 평가에 대한 가이드라인을 가지고 있되, 세부적인 사항에 대해서는 학생들도 개발에 같이 참여하여 평가도구를 제작하게 되면, 평가에 대한 기준도 스스로가 명확해질 뿐만 아니라 이를 준수하기 위한 책임감이 증대한다.

4. 온라인 팀 활동

비대면으로 팀 활동을 하게 될 때 쓸 수 있는 도구는 플랫폼으로서 학습자들이 익숙하고 자주 활용하는 SNS를 선택할 수도 있으며, LMS에 팀프로젝트 게시판을 열어두고 자료를 공유하게 할 수도 있다. 실시간 화상 강의를 이용할 수 있도록 소그룹별로 서비스를 제공해주고 필요한 교수자가 함께 참여할 수도 있다. 새로운 도구 사용법을 가르치기보다는 학습자들이 스스로 익숙한 도구를 활용할 수 있게 하는 것이 더 바람직하다. 다만 팀과정을 모니터링하기 위해서는 주기적으로 LMS에 활동 로그를 올리도록 독려한다.

팀활동 저널 양식 예시

	구분	활동 내용 및 의견	성취도	향후 조치
진행 사항	이번 과제에 한 일	• • •	/100% /100% /100%	
	논외사항			
	구분	활동 내용 및 의견	역할분담	추진 일정
추후 계획	다음 과제에 할 일	• • •		
	기타			

구글 문서처럼 동시에 저작이 가능한 도구는 공동 보고서 작업 등에 유용하게 활용될 수 있고 수정사항이나 참여자의 공헌도를 확인해 볼 수 있다는 장점도 있다.

면대면으로 과제를 해야만 성공할 수 있는 것은 아니지만, 비대면 상황에서 처음부터 팀 활동이 원활하게 이루어지기는 어려울 수도 있다. 팀이 결성되고 나서 과제의 제목이나 큰 주제 정도만 결정되었을 때 팀별로 실시간 화상 세미나에서 발표하고 다른 팀의 피드백을 받을 수 있게 하는 방식으로 각 팀이 발표를 위해 아이디어를 모으고 합의된 결과로 기획안을 준비하는 것이 팀 결속에 도움이 될 수 있다.

특히 다른 팀의 발표를 보면서 벤치마킹하여 우리 팀에 어떤 부분을 보완해야 할지 스스로 점검하고 다시 팀별 미팅을 하면서 과제에 대한 목표를 명확하게 하는 과정에서 과제 중심적인 팀활동을 위한 준비태세를 갖출 수 있도록 할 필요가 있다.

5. 팀 갈등 관리

그룹을 구성하고 학습활동 참여나 과제를 해결하게 하는 경우 간혹 팀 내 갈등이 발생할 수도 있고 팀원간 학업수준 차이도 있을 수 있으므로 한 학기 동안 같은 그룹을 유지하는 것은 바람직하지 않을 수 있다. 과제가 끝나는 시점까지 혹은 4주 정도 그룹을 유지하되 다음 과제활동으로 넘어가게 될 때 팀을 교체하면 분위기를 전환하고 팀내 갈등 요인을 줄일 수 있다. 팀을 교체하는 방식은 임의로 각 그룹의 3번 학생(출석번호 등)을 다음 그룹으로 한 조씩 이동하면 갈등이 외부로 드러나지 않고 자연스럽게 전환이 가능하다.

팀 갈등이 발생하게 되는 대표적인 이유 중의 하나가 무임승차와 관련된 것이다. 즉 각자의 책임을 다하지 않고 다른 팀 동료의 노력에 기대고 자신은 역할을 제대로 하지 않는 경우 팀원들은 불만을 갖게 되고 평가를 받을 때에도 문제제기를 하게 된다. 따라서 팀 활동을 할 때에는 모두에게 역할을 주고 그 역할에 대해 책임을 다 했는지 자가평가와 동료평가를 통해 누구나 팀에 공헌하도록 독려한다.

앞서 언급한 것처럼 팀 내 평가제도를 도입하여 팀의 문제를 파악하고 학생들도 공정한 평가를 받고 있다고 인식하게 한다.

　팀 갈등이 발생하는 다른 이유 중 하나는 지나친 리더십이나 역할 독점에서 온다. 서로 관심이나 전공이 다른 학생들이 함께 팀 활동을 하게 되면 프로젝트의 주제를 자신의 관심사나 전공에 맞는 것을 선정하고 싶은 것이 자연스러운 현상이다.

　주제나 프로젝트의 목표를 서로 공유하고 설정하지 못하게 되는 경우, 팀 활동을 하는 동안 지속적으로 갈등이 발생할 수 있다. 또한 과제를 하는 방식이나 의사소통을 하는 방식 역할을 분담하는 방식도 저마다 다른 관점을 가질 수 있다. 프로젝트 초기에 민주적으로 의사결정을 하고 팀 내 규칙을 수립하도록 하고 교수자는 중재자로서의 역할을 해야 한다. 앞서 강조한 것처럼 팀 활동의 의의를 공감하고 가치를 높이 평가할 수 있는 태도를 우선적으로 함양하도록 독려하는 것이 무엇보다 중요하다.

자기 주도 학습

1. 학습계약

맞춤형 수업의 한 유형으로 학습자와 교수자가 **상호협력하여 학습과 정, 즉 학습목표 설정에서 평가계획에 이르기까지의 전반적인 계획을 세워 서 면으로 작성한 후 학습을 진행하는 것**을 '학습계약'이라고 한다. 학습계 약은 학습자들이 본격적인 학습 전에 학습을 위한 준비를 할 수 있는 기회를 제공해준다. 학습계약은 학습자들의 자기 주도 학습능력을 높 여준다.

비대면 교육상황에서는 학교 시간표가 짜여져 있다고 하더라도 등 교와 온라인 학습을 병행해야 하는 경우 학습자가 스스로 자신의 학 습과 학교생활을 관리하는 데는 여러 가지 어려움이 있다. 따라서 전 담 지도교수가 있는 경우 학기별로 자신의 학업계획을 세우고 이를 반드시 이행하도록 하는 학습계약서를 작성하면 학습관리에 효율적 일 뿐 아니라 학습에 관한 소유권과 책임감도 생겨나게 되며 흥미로 운 조항들을 추가하면 학습동기도 높아질 수 있다.

학습계약은 학습자가 스스로 학습목표를 수립하고 학습의 전반적인 계획을 세우게 하는 것인데 전문가나 교수자에 비해 학습과제와 내용에 대한 지식이 제한적인 학습자가 형식을 갖추어 학습목표를 쓰게 하는 것은 무리가 따를 수 있다. 따라서 학습자들의 눈높이에 맞추어 용어를 조절하고 무엇을 쓸지 좀 더 친절하게 안내한다면 학습계약을 보다 쉽게 활용할 수 있다. 특히 LMS로 학습을 관리할 수 있는 경우 학습계약은 향후 학습자가 자신의 포트폴리오를 구성하는 데도 도움이 되며 교수자에게는 지속적인 학습자 평가에 활용할 수 있다는 장점이 있다.

학습계약의 단계

학습요구 진단 → 학습목표의 구체화 → 학습자원과 전략 규명 → 학습목표 도달의 증거 구체화 → 학습목표 도달 여부 입증

학습계약의 첫 번째 단계는 학습자가 도달해야 하는 목표와 현재의 상태에서의 차이를 분석하는 학습요구를 진단하는 것이다. 학습요구를 진단하고 나면 구체적으로 달성해야 할 학습목표를 구체화할 수 있는데 이때 학습목표는 성취 정도를 평가할 수 있도록 행동용어(action verb)로 작성하는 것이 좋다.

예를 들어 '한국 근현대사를 이해할 수 있다'와 같은 교과의 목표는 광범위하고 개별 학습자별로 학습주제에 대한 평가에는 구체적인 정보를 제공하지 못한다. 따라서 일반적으로 학습목표는 '조선 말기 개항에 영향을 미친 강대국 간의 이해관계를 비교할 수 있다'와 같이 구체적일수록 좋다. 그러나 학습계약에는 이 학습목표보다 조금 더 기대수준을 높여서 '강대국 간의 이해관계를 시기별로 비교하여 도식

(diagram)으로 나타내보고 한국 근대사에 끼친 영향을 다섯 가지 이상 구체적으로 논의할 수 있다'와 같이 진술하는 것이 좋다. 학습자들은 자신의 학습결과를 어떻게 나타내야 하는지 기대감을 형성할 수 있고 교과서 내용을 숙지하는 것 외에도 자신의 학습범위를 어림해볼 수 있기 때문이다.

1) 학습계약서 예시

다음은 외국인을 위한 한국어 수업의 학습계약서 작성 예시이다.

아래와 같은 양식에 필요한 항목을 추가하여 학습계약서를 작성하는 데 오른쪽 빈칸을 학습자가 스스로 작성하게 하고 교수자가 확인한다.

계약서를 작성할 때는 학습자들에게 '무엇을 더 배우려고 하는가?(요구분석)', '왜 배우려고 하는가?(학습목표)', '어떻게 배우려고 하는가?(학습자원과 전략)', '학습했다는 것을 어떻게 확인할 것인가?(수행증거)'에 관한 지문을 제시하여 생각해보게 한다.

이 계약서는 어떤 과목이나 학습에도 적용이 가능하며 계약서의 마지막에는 학습자와 교수자가 각각 날짜를 쓰고 날인하여 실제 계약서처럼 꾸밀 수도 있다. 목표 날짜에 점검해야 할 사항을 사전에 계약서에 명시할 수도 있다.

학습계약서

이름:

주제:

목표 날짜:

나는 무엇을 더 배우려고 하는가?

장소를 찾아 가는 방법을 질문하고 답하는 것

나는 왜 이것을 배우려고 하는가?

수업시간에 배운 것을 실제 대화에서 활용하는 방법을 더 알기 위해

어떻게 배우려고 하는가?

1. 교재에 나온 대화 내용을 복습한다
2. 인터넷에서 관련 표현을 찾아본다
3. 주요 어구에서 목적어만 바꾸어서 연습해본다
4. 동료 학습자와 대화를 해본다

학습한 내용을 어떻게 확인할 것인가?

1. 주어진 대화에서 빈칸을 채울 수 있다
2. 내 차례가 되었을 때 적절한 대답을 할 수 있다.
3. 목적어를 바꾸어서 같은 표현을 세 개 이상 활용해볼 수 있다.

년   월   일

학습자 :   (사인)   교수자 :   (사인)

2) 팀 학습계약서

학습계약서는 개인 학습자와 교수자가 체결하여 학습과정과 결과를 함께 관리할 수도 있고, 팀별로 공동의 목표를 세우고 집단 계약서를 써보게 할 수도 있다. 단시간에 많은 성과를 내는 것이 중요한 과제라면 시한을 정해두고 팀별로 경쟁하게 하는 활동도 가능하다.

자신의 현재 역량이나 지식수준보다 약간 높은 도전 수준으로 설정하고 작은 성공의 기회가 누적될 수 있도록 하면 학습동기도 높아지고 교과에 대한 관심과 태도도 향상된다.

팀 학습계약서의 경우에는 온라인 환경에서 고립감을 느끼기 쉬운 학습자들이 서로 연계될 수 있도록 도와주고 다양한 LMS의 학습활동 도구나 누구나 참여하여 작성한다. 수정하기 용이한 위키 기반의 구글 문서 등을 활용하면 학습과정도 모니터링하고 협업을 끌어낼 수 있다.

2. 시간관리 전략

시간관리는 누구에게나 도전과제 중 하나이다. 모두에게 같은 하루 24시간이라는 같은 시간이 주어지지만 이를 어떻게 활용하느냐가 멀리보면 인생의 성공과 실패를 좌우하기도 한다. 그러나 막상 이것이 머리로는 이해가 된다 해도 실천은 쉽지 않다.

시간관리는 실제로 메타인지의 중요 요소 중의 하나이기도 하다. 메타인지(meta cognition)란 '인식에 대한 인식'인데 학습상황에서 쉽게 풀어보면, 내가 어떻게 해야 이 주제를 잘 학습할 수 있는 지 스스로 전략을 개발할 수 있는 능력, 내가 이번 학기 계획을 어떻게 세우고 실천해야 원하는 자격 시험에 합격할 수 있는 지 종합적인 계획을 세우는 능력, 제한된 자원을 활용하여 현재 주어진 복수의 업무를 처리하기 위해 자원을 분배할 수 있는 능력, 제한된 시간 안에 많은 과제들의 우선순위를 정할 수 있는 능력 등이 포함된다.

메타인지가 높을수록 시간관리도 더 잘 할 수 있다. 내가 나 자신의 능력과 한계를 알고 있고 주어진 자원과 과제의 우선순위에 대한 분석을 한 후 시간을 분배하게 되는 능력이므로 시간관리는 쉽지 않은 전략 중의 하나이다. 그러나 훈련을 통해 습관을 기르고 시행착오를 통해 자신만의 전략을 세우도록 지원해주면 학습자들의 시간관리 역량도 따라서 향상시킬 수 있다.

1) 시간활용 파악해보기

학기초에 학습자들에게 내가 시간을 어떻게 쓰고 있는지 성찰해보게 하는 것이 시간관리 훈련의 첫 번째이다. 시간 중에는 학습자가 마음대로 바꿀 수 없는 시간이 있다. 이런 고정시간에는 등교하는 경우 수업시간, 학습자에 따라 일을 하는 경우 근무시간이 대표적이다.

그런가하면 일상생활에 필요한 수면 시간, 식사 시간, 이동에 필요한 시간도 있다. 또한 마음의 안정과 여유를 주는 개인 시간도 있는데 특히 요즘 학습자들은 개인의 삶과 스타일을 중시하기 때문에 이에

오늘 시간 계산하기 (학교에 등교한 날 기준) 예시

내 용	사용 시간
수면 시간	( ) 시간
식사 시간	( ) 시간
등·하교 시간	( ) 시간
학교에서 보내는 시간	( ) 시간
집에서 보내는 시간	( ) 시간
(근무지)에서 보내는 시간	( ) 시간
가족들과 보내는 시간	( ) 시간
그 외의 일에 사용한 시간	( ) 시간
계	( ) 시간

오늘 시간 계산하기 (학교에 등교하지 않고 온라인 수업만 참여하는 날 기준) 예시

내 용	사용 시간
수면 시간	( ) 시간
식사 시간	( ) 시간
온라인 수업이나 학습활동에 보내는 시간	( ) 시간
(근무지)에서 보내는 시간	( ) 시간
가족들과 보내는 시간	( ) 시간
그 외의 일에 사용한 시간	( ) 시간
계	( ) 시간

나의 버려지는 시간 찾아내기 (온라인 수업 참여하는 날 기준으로만 해도 좋다) 예시

분류	구체적인 사건	시간
무의미하게 보낸 시간	◇	
	◇	
무의미하지는 않지만 좀 아까운 생각이 드는 시간	◇	
	◇	

많은 시간을 할애한다. 동영상 등 미디어를 시청하거나, 친구들과의 시간, 가족과의 시간이 여기에 포함된다. 바라건대, 이외에 학습 시간을 정하고 관리하는 것을 지향하며 시간 활용계획을 수립하도록 독려한다.

우선 자신이 어떻게 시간을 쓰고 있는 지 돌아보게 한다.

우선 자신의 하루를 돌아보고 버려진 시간들을 찾아보고, 특히 일정한 습관에 의한 것은 없었는지 성찰할 수 있는 기회를 준다. 특히 학교에 오지 않고 온라인으로만 수업에 참여한 날의 하루를 돌아보게 하는 것이 중요하다. 무의미하게 보낸 시간 중 수업 외 학습에 활용할 수 있었던 부분을 찾아보게 한다.

2) 시간계획표 만들어보기

자신에게 정말 필요한 것이 무엇인지 중요도를 비교분석 해보게 하고 시간관계 매트릭스를 작성하게 해본다.

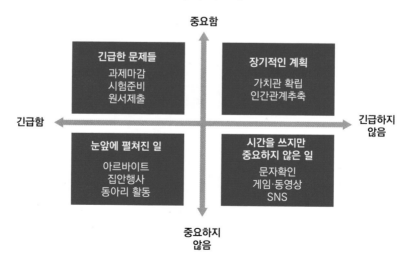

목표 설정하기

매트릭스 분석을 바탕으로 나만의 목표를 수립해보게 한다. 이번 학기에만 국한해서 목표를 수립해도 무방하다.

목표 설정 예시

기간	나의 목표		기간	나의 목표
1주 후			졸업 후	
1달 후			10년 후	
한 학기 후			20년 후	
1년 후			30년 후	

점검표 작성하기

목표에 따라 시간계획을 세우고 점검표를 작성해보게 한다. 필요에 따라 학기 단위, 월 단위, 주 단위, 일 단위로 계획을 세워보게 한다. 핵심은 온라인으로만 수업을 듣게 될 경우 일간 시간계획표를 세우고 스스로 이에 따라 하면서 훈련하여 자기주도력과 시간관리 능력을 키우도록 하는 데 있다.

주간 시간계획 및 점검표 예시

요일	학교	세부목표	해야 할 일	성찰하기	
				칭찬할 점	보완할 점
월	온라인 수업				
화	교실 수업				
수	온라인 수업				
목	온라인 수업				
금	온라인 수업				
토	OFF				
일	OFF				

일간 시간계획 및 점검표(온라인 수업일 기준) 예시

시간	해야 할일	달성도 (100%)	성찰하기	
			칭찬할 점	보완할 점
7:00~8:00				
8:00~9:00				
9:00~10:00				
10:00~11:00				
11:00~12:00				
12:00~13:00				
13:00~14:00				
14:00~15:00				
15:00~16:00				
16:00~17:00				
17:00~18:00				
18:00~19:00				
19:00~20:00				
20:00~21:00				
21:00~22:00				
22:00~23:00				
23:00~24:00				
총평	오늘의 점수			

　　일간계획표는 자신이 원하는 시간단위로 구분해서 작성해도 무방하고 양식도 상황에 맞게 수정해서 활용한다. 문서로 일일이 작성하기보다 유용한 무료 앱을 다운로드 받아서 활용해도 무방하며, 앱의 푸시 알림 기능을 쓰면서 놓친 부분이 무엇이었는지 성찰일지를 쓰게 하는 것도 방법이다. 일일 시간계획표를 지키기 어렵다면 스탑워치를 활용할 수 있도록 권한다. 언제 어디서나 수강할 수 있다는 것이 장점이기는 하나 스스로 온라인 학습 중 자리를 지키고 교실 수업처럼 앉아있도록 하는 훈련도 필요하다.

3. 학업 스트레스 관리 전략

비대면 수업 상황에서는 일반 학업 스트레스와는 다른 유형의 스트레스를 겪게 될 수 있다. 먼저 물리적인 고립감에서 오는 스트레스가 있을 수 있는데 이는 실재감(12장)을 참고한다.

다음으로는 자기주도력이나 자기제어력이 부족하여 학습진도 관리나 과제제출이 제대로 이루어지 않았을 때 오게 되는 스트레스이다. 이는 외재적인 요인이므로 시간관리 훈련 등을 통해 극복할 수 있는 부분들이다. 그 외에도 이와 관련된 스트레스를 해소할 수 있는 전략을 제시하여 학습자가 이를 적용할 수 있도록 독려할 필요가 있다.

1) 집중을 위한 전략

무엇보다 집중할 수 있는 환경을 마련해야 한다. 환경은 효율성에 영향을 미치기 마찬가지이고 심리적인 안정감을 준다. 자신이 스스로 집중이 잘 되는 공간을 찾을 수 있도록 한다. 특히 비대면 상황에서는 사회적 거리두기로 외출이나 학교 및 공공시설의 이용이 쉽지 않은데 주거공간에서 개인만의 공간을 찾도록 한다. 개인만의 공간을 확보하기 어렵다면, 나만이 그 공간을 활용할 수 있는 시간대를 찾아 그때만이라도 집중할 수 있도록 한다. 온라인 수업을 수강하는 경우라면 이어폰이나 헤드셋으로 외부 자극을 차단할 수 있으므로 수업을 놓치는 일이 없도록 공간활용 계획을 잘 세울 수 있어야 한다.

집중이 잘 되지 않고 동기가 생겨나지 않는 경우에는 스스로가 잘 하는 일이나 좋아하는 일부터 해보게 한다. 여러 과목을 듣는 경우에는 자신이 좀 더 쉽게 생각하거나 선호하는 과목이 있기 마련이고 어려워하거나 기피하게 되는 과목도 있다. 쉬운 것부터 과제를 해결하여 성취감이 생기게 되면 다음 과제에도 도전할 수 있는 기반이 마련된다. 과제를 할 때 음악을 듣거나 적당한 소음이 필요하다면 자신에게 맞는 상황을 연출하게 한다.

학습자들에게 과제를 출제할 때나 토론 등의 참여를 촉진할 때는 "과제함을 열어 본 지금 이 순간 시작해보세요"라는 안내문만으로도 시작할 수 있는 동기를 부여할 수 있다. 앞서 언급한 시간관리 전략에서 일일 시간계획표를 평가할 때 자신이 언제 가장 집중이 잘 되는 지 분석해보게 하는 것도 좋다.

특히 학습과제를 하는 동안 스마트폰이나 개인 디바이스를 멀리하게 하는 전략도 필요하다. 수업을 수강할 때는 스마트폰이나 개인 디바이스를 활용해야 하지만 집중해야 할 시간에 다른 정보검색이나 동영상 시청 등으로 집중력이 떨어지지 않도록 할 필요가 있다. 특히 '로그아웃' 타임을 설정하여 그 시간만이라도 불필요한 SNS 활동으로부터 자신을 떼어놓을 수 있는 자신과의 약속을 실천하도록 독려한다.

2) 나에게 보상하기

학습과 직접 관련되지 않아도 내가 이 과제를 끝내고 나면 내가 좋아하는 일이나 선물을 받을 수 있는 기대감으로 과제에 몰입하게 할 필요도 있다. 온라인 강의 동영상을 수강하는 경우에 몰입하기 어렵고 집중을 못한다면, 40분동안 집중하면 나에게 쉬는 시간을 주거나 맛있는 간식을 먹는다거나 주말에는 과제 없이 쉴 수 있는 나만의 보상계획을 세우게 한다.

때로는 온라인 수업을 집중해서 한번에 다 수강한 경우, 교수자에게 바로 문자를 보내게 하거나 토론형태의 게시판에 '좋아요'나 '완성' 버튼을 누르게 하고 이를 외적으로 칭찬하거나 작은 점수로 보상하는 것도 도움이 된다. 내재적 동기가 높은 학습자라면 칭찬보다 자기자신의 성취에 만족하겠지만, 외재적 동기가 높은 학습자의 경우 교수자가 알아주고 외적으로 칭찬해주는 것이 효과적이다.

LMS 학습 현황을 살펴보고 강의 수강을 빨리 끝낸 학생들만 추출하여 '수업을 빨리 잘 들었군요, 더 알고 싶은 것이 있나요'라는 작은 챙김으로도 학습자들의 만족도는 높아질 수 있다.

3) 자아스트레스 관리

일반적으로 온라인 수업에 참여하는 것이 아니라 외부 요인에서 기인한 비대면 상황의 경우 고립감이나 우울감을 더 쉽게 느낄 수 있고 일상으로 쉽게 복귀하지 못할 것 같은 좌절감을 겪게 되기도 한다. 이때 공지사항에 교내 학습지원센터나 전화상담 서비스 등 가능한 지원책들을 공개하고 이용할 수 있도록 격려한다. 그러나 무엇보다 자기 스스로가 이를 잘 통제할 수 있도록 훈련시킬 필요가 있다.

기분이 나빠지거나, 불안해질 때 20초간 내가 좋아하는 것만 생각해보기와 같은 전략들도 사소하지만 도움이 될 수 있다. 특히 의사소통의 창구를 열어두고 학생들만의 SNS 단체 대화에서 이를 해소할 수 있도록 하는 것도 방법이다. 그러나 이러한 마인드 콘트롤로만 언제까지 스트레스를 해소하는 데는 한계가 있기 마련이다. 학업이나 온라인 상황으로 인해 발생하는 스트레스라면 수업의 크기를 작게 나누고 자주 보상하는 것도 좋은 전략이 된다.

즉, 중간고사, 과제, 기말고사 만으로 평가를 하기보다는 12번의 항목으로 나누어 하고 있는 모든 활동에 대해 보상을 받고 이것이 축적되어 좋은 학점과 성공적인 학기로 이끌 수 있다는 기대감을 심어 주는 것이다(이에 관해서는 15장을 참고한다).

웃음은 많은 것을 치유해준다. 학생들에게 이메일이나 공지사항을 전달할 때에도 무리한 수준이 아니라면 언제나 친근하고 재치있는 표현으로 마음의 문을 두드려 준다면, 한마디, 한 줄의 글로도 학습자들의 스트레스 감소에 도움을 줄 수 있을 것이다.

PART

평가 및 수업 성찰하기

4

온라인 학습평가

1. 평가의 개념과 특성

평가는 수업의 핵심이자 수업에 통합되어야 할 가장 중요한 요소라고 할 수 있다. 평가란 학습자의 학습을 이해하고 개선하기 위한 지속적인 과정으로 교수학습을 개선하기 위해 진단적으로 활용될 수 있는 정보를 수집하는 모든 활동을 포함한다. 이때 정보를 수집하고 해석하고, 피드백을 제공하는 체계적인 과정이 중요하다. 평가는 맥락과 목적에 따라 그 범위가 다양하나 한가지 중요한 원칙은 평가는 반드시 근거에 기반한다는 것이며 평가, 학습, 수업은 서로 긴밀히 연계되어야 한다.

2. 평가의 유형

학업평가의 방식을 구분하는 방법은 매우 다양하다. 일반적으로 진단평가, 형성평가, 총괄평가로 구분할 수 있다.

1) 진단평가

진단평가는 온라인 학습을 위한 학습자의 특성을 확인하고 잠재적인 문제점을 도출하기 위한 것이다. 학습동기, 자기주도력, 교과에 대한 태도, 선수학습 능력 등을 온라인 설문으로 조사하고 분석한 자료를 수업 설계에 활용할 수 있다.

🌀 자기주도력 설문문항 예시*

1 수업내용 중 이해되지 않거나 궁금한 것은 즉각적인 질문을 통한 해결하기보다는 스스로 고민하고 해결하려고 한다.

2 수업내용 중 이해되지 않거나 궁금한 것은 참고자료를 우선적으로 찾아본다.

3 수업내용 중 이해되지 않거나 궁금한 것은 친구들에게 물어보고 다양한 의견을 주고받으면서 해결안을 찾는다.

4 어려운 문제 해결을 위해 친구들과 의도적으로 토론하고 협력적으로 논의의 과정을 통해 해결안을 도출하는 것은 매우 중요한 학습방법이다.

5 그날 배운 내용은 어떻게 해서든 그날 복습한다.

6 한 주간 배운 내용이나 노트 필기한 내용에 대해서 1~2주 안에 나만의 방식으로 다시 정리한다.

7 주중/주말에 하루 정도는 나만의 여유시간을 충분히 확보하여 그동안 배운 내용에 대해서 집중적으로 공부를 하거나 배운 내용을 정리한다.

8 시험시간에 따로 공부하지 않더라도 어느 정도의 성적을 받을 수 있을만큼 평소에 공부한다.

9 노는 시간까지도 계획적으로 관리한다.

10 숙제(수행평가 등)는 주어지는 날부터, 혹은 제출한 전부터 고민하고 준비한다.

---

* 성은모·최효선(2016). 고등학생 성적 우수자의 자기주도학습역량 요인 탐색. **아시아교육연구, 17**(4), 215~237.

2) 형성평가

 형성평가는 학습자의 이해도를 점검하고 수업을 개선하기 위해 활용될 수 있으며 학습의 결과를 평가하기보다 과정을 평가하는 것이 주목적이다. 특히 온라인 학습에서 실시간으로 학습자의 이해도를 모니터링하는데 한계가 있는 대규모 수업의 경우에는 형성평가가 필요하다. 형성평가는 학기 시작 3주 이내에 실시하는 것이 좋다. 학습자들의 이해도 점검을 바탕으로 하여 이후 수업을 보완할 수 있기 때문이다.

 형성평가는 강의실의 온라인 설문 기능을 활용하여 퀴즈로 수업의 핵심 내용에 대한 이해도를 점검할 수도 있다. 그러나 반드시 테스트의 형태일 필요는 없으며 얼마나 이해했는지 스스로 체크리스트를 활용하여 진단해보도록 유도할 수도 있다. 혹은 강의 중간평가 형태의 설문을 시행하여 학생들의 만족도를 조사하고 강의의 개선점을 찾아보는 것도 바람직하다.

3) 총괄평가

 총괄평가는 학습에 대한 결과를 양적으로 분석하고 학점을 부여하는 활동이다. 실시간·비실시간 시험 및 과제형 시험으로 평가가 이루어질 수 있다. 일반적으로 시험 문제에 정확하게 답하는 것에 근거하여 주로 진위형, 완성형, 선다형과 같이 교실 시험과 유사한 형태로 구성한다. 그러나 객관식 시험을 통해 사실을 알고 있는가의 여부보다 정보를 의미있게 활용하고 실제 세계에 적용할 수 있는가에 초점을 두는 대안적 평가도 있다.

 개별적인 학습자들에 대한 평가도 중요하지만, 협력학습을 하는 경우 동료평가, 자기평가와 같은 협력기술 등이 평가 대상에 포함된다.

또한 학습의 적용에 대한 평가유형으로는 수행평가와 포트폴리오 평가가 있다. 수행평가는 복잡한 학습에 초점을 두며, 고차원적 사고와 문제해결 기술에 참여시키고, 적극적 반응을 위해 다양한 영역을 촉진시키고, 학습자가 상당한 시간과 노력을 투입한다는 점 등이 그 특징이다.* 포트폴리오 평가는 학습자의 발전 정도를 지속적으로 평가하는 것이 특징이며 온라인 포트폴리오 관리시스템을 통해 효율적으로 관리할 수 있다.

3. 온라인 학습환경과 온라인 평가 방법

전통적인 평가 방법을 그대로 온라인 학업평가에 적용하는 것은 바람직하지 않으며 반드시 온라인 학습환경의 테크놀로지와 교수학습 활동의 본질에 대한 이해에 바탕을 두어야 한다. 어떤 형태의 수업이든 평가도구는 공정하고 객관적인 성과를 측정하는 것이어야 한다. 온라인 환경에서 이는 더 중요하게 고려되어야 할 사항이기도 한데 실시간 및 비실시간 도구를 신중하게 선정하고 수업에서 요구하는 기준에 부응할 수 있도록 학습결과를 측정할 수 있어야 한다.

1) 비실시간

비실시간 도구를 활용한 평가는 교수자의 부재를 전제로 지연된 시간 동안 이루어지게 된다. 예를 들면 문서로 작성하여 제출하는 전통

---

*   Reeves, T. C. (2000). Alternative approaches for online learning environments in higher education. *Journal of Educational Computing Research, 23*(1), 101~111.

적인 형태의 take home 시험과제, 사례 조사, 조사 프로젝트, 기존 형태의 지필고사 등이 가능하며, 혹은 대안적 형태로 포트폴리오, 학생 작성 저널 등으로 보다 상위 수준의 학습을 평가할 수도 있다.

2) 실시간

실시간 시험은 화상 시스템으로 치루어질 수도 있고, 전화, SNS 등 실시간 도구를 활용하여 이루어진다. 일반적으로 구술 시험의 형태로 주어진 시간 동안 실시간 화상으로 교수자의 질문에 답하거나 교수자나 튜터가 실시간 화상으로 온라인 감독을 하며 지필고사를 보는 형태로 이루어질 수 있다.

4. 온라인 학업평가 설계 고려사항

평가에서 선다형에 대한 의존도를 낮추고 비판적 사고, 창의력, 성찰, 실제적 학습 등에 관한 비중을 높여야 한다는 노력이 이미 20여 년전부터 이루어지고 있고 이는 온라인에서도 고려해야 한다. 온라인 환경에서의 평가에서 학습자들의 참여를 강조하고, 테스트 위주가 아닌 성과 평가가 이루어져야 하며, 실제 세계 적용, 프로젝트 기반학습 평가, 그리고 학습자의 성찰을 평가에 포함시켜야 한다.* 또한 모든 수업이 그 설계가 동일할 수 없는 것처럼, 한 가지의 평가 방법만 고수

---

*   Herron, R. F., & Wright, V. H. (2006). Assessment in online learning: Are students really learning? In V. H. Wright, C. S. Sunal, & K. W. Elizabeth (Eds), *Research on enhancing the interactivity of online learning* (pp. 45-64). Greenwich, CO: Information Age.

하는 것은 바람직하지 못하고 수업의 특성에 따라 평가 설계는 모두 달라져야 한다.* 온라인 학습환경은 개별화되고 융통성있는 테스트 설계가 가능하고 즉각적인 피드백의 제공, 자기 속도에 맞는 학습, 반복적 학습이 가능하며, 개별 학생이 자신의 학습이력을 관리할 수 있다는 것이 중요한 특성이다. 다른 학습 도구와 마찬가지로 온라인 평가 도구는 교수학습의 효과성을 증진시키기 위해 학습목표에 부합하도록 활용되는 것이 궁극적인 목표가 되어야 한다.

1) 평가 범위와 유형 선정

평가의 범위는 평가의 대상이 되는 기간 내의 주제별 학습목표를 균형 있게 포함할 수 있도록 해야 한다. 더 중요하거나 강조되어야 할 주제의 경우 더 높은 가중치를 둘 수도 있으나, 이 경우에는 학습자에게도 사전 안내해야 한다. 평가의 유형은 주제와 학습목표에 부합해야 하며 비대면 상황에서 수행평가를 시행하지 못하게 될 경우 대안적 전략도 수립해둔다.

2) 평가 기준

어떤 수업이든 평가 기준은 학기 시작 전 과목을 기획하는 단계에서 수업계획서에 명확하게 제시되어 있어야 하며 학기초에 학습자에게 충분히 안내되어야 한다. 평가 기준을 부득이 변경해야 하는 경우 학습자에게 사전 공지하고 변경 사유를 밝혀두는 것이 좋다. 비대면 수업의 경우 특히 평가 기준을 수립할 때는 어느 한 유형의 평가 기준

---

*   Lynch, B. K. (2001). Rethinking assessment from a critical perspective. *Language Testing, 18*(4), 351~372.

에 지나치게 의존해서는 안되며 어느 항목이라도 항목의 평가 비중이 30%가 넘지 않도록 설계하는 것이 좋다. 실시간 시험 등 정규 평가를 시행할 수 없는 특수 상황이 발생했을 때 평가의 공정성을 보증하기 위한 좋은 대안이 될 수 있다.

비대면 수업상황에서는 학습자의 능동적인 참여와 자기주도학습이 중요하고, 학습자들은 자신들의 모든 활동에 대해 보상을 기대하기 때문에 시험점수에 의존하기보다 다양한 활동에 자주 보상해주고 이 작은 점수들이 합산되어 종합평가가 이루어지면 오히려 평가가 공정하다고 여기고 학습 만족도도 높아질 수 있다.

3) 평가 도구

학습목표를 개발할 때부터 평가 도구에 관해 아이디어를 떠올려야 한다. 평가 도구는 학습목표와 연계되어야 하고 학습목표에 기술된 조건과 행동이 평가 문항을 개발할 때 활용되기 때문이다. 학습목표와 일관된 학습평가는 학습자에게 신뢰를 주고 학습동기를 높여준다.

평가 도구 설계 시 고려사항은 다음과 같다.

- 평가 도구의 목적을 파악.
- 어떤 종류의 평가가 필요한 지, 어디에서 교수전략을 사용해야 할지 결정.
- 어떤 학습목표에 대해서 학습자 수행을 평가하는 데 필요한 문항이 얼마나 되어야 하는지, 적절한 수행을 이루는 것이 무엇인지 결정.

학습유형별 학습목표와 평가 도구의 예시*

	학습 목표	평가 방법	평가 도구
정보의 기억	품사의 정의를 말할 수 있다.	지필고사	진위형, 연결형, 단답형, 선다형 문항
개념 학습	논증과 논증이 아닌 것을 구별할 수 있다.	지필고사	진위형, 연결형, 단답형, 선다형 문항
원리 학습	시제에 따른 동사 변화를 알고 주어진 문장에서 잘못된 부분을 수행할 수 있다.	지필고사	진위형, 선다형, 서술형 문항
절차 학습	자료수집과 분석방법의 절차에 따라 보고서를 쓸 수 있다.	수행평가	평가 루브릭의 활용
문제 해결	기업가정신 대회에 참여하기 위해 지원서를 작성할 수 있다 (문제상황 평가, 적합한 방법과 필요한 지식·기술 결정, 문제 해결을 위한 방법과 지식·기술의 종합).	수행평가	지식 및 기술확인을 위한 체크리스트 평가 루브릭의 활용

학습목표에 나타난 학습유형을 적절하게 평가하기 위해서 어떤 형식의 평가를 취해야 할지 결정하는 것이 매우 중요하다. 자칫, 단순히 정보를 암기하였는지 확인하는 평가가 주를 이루게 될 수 있으므로 평가 문항 설계에서도 주의해야 한다. 즉, 어떤 것의 절차를 순서대로 나열할 수 있는 것은 정보의 기억에 해당하는 수행이며, 각 절차의 내용을 말할 수 있는 것은 개념학습에 국한된다. 따라서 절차를 평가하기 위해서는 실제로 그 절차를 실행하도록 하고 단계별로 포함된 지식과 기술을 활용하고 필요한 경우 조작할 수 있는 지 등을 평가하도록 설계해야 한다.

평가 도구에서 학습목표의 비율을 결정하는 것도 중요하다. 경우에 따라 세 가지 학습목표가 있음에도 불구하고 어느 한가지 목표에만 치중한 평가가 시행되는 오류를 범하게 되기도 한다. 따라서 사전에 계획을 수립할 때 학습목표별 가중치를 잘 고려해야 한다.

* 임철일(2012). 교수설계이론과 모형. 서울: 교육과학사.

평가 도구 설계 예시

	학습 유형	형식	문항수	비율
목표 1	개념, 원리	선다형	15	25%
목표 2	원리, 절차	논술형	1	15%
목표 3	절차	수행 관찰	1	35%
목표 4	정보의 기억, 개념	단답형	10	25%

어떤 수업이라도 평가 도구는 다음의 세가지 조건을 만족해야 한다.

타당도
측정해야 할 대상을 정확하게 측정하고 있는가?
문항은 적절하게 표집되었는가?

신뢰도
측정은 객관적이고 일관성이 있는가?
점수가 학습자 능력을 제대로 반영한다고 확신할 수 있는가?

실용성
도구의 개발과 활용이 실행가능한가?

특히 학습자들은 내가 배운 내용으로 평가를 받고 있는지, 누가 채점을 하더라도 내가 수행한 내용을 객관적으로 평가 받을 수 있는지에 따라 수업에 대한 만족도가 달라지게 되므로 평가 도구 설계도 세심한 고려가 필요하다.

4) 수행평가

수행평가의 경우에는 사전에 평가기준과 척도를 공개하여 학습자들에게 기대감을 형성하고 자신이 무엇을 해야 하는지 정확하게 알려줘야 한다. 이때 평가 루브릭을 활용해야 하는데 평가의 항목, 점수, 판정 기준 등이 제시되어야 한다. 학습자에게 루브릭은 학습목표나

평가 루브릭 예시**

리포트 평가기준		
기준	**특징 및 수준**	**평가점수**
목적 (3점)	● 목적의 명료성(목적이 논쟁, 설명이 될 수도 있고, 함축적으로 (implicitly) 언급될 수도 있고, 명백히(explicitly) 언급될 수도 있음.) 1. 목적을 수립하지 못함. 2. 목적들이 이리저리 혼동되어 표현됨. 3. 목적이 명확히 드러남.	
증거기반 추론 (3점)	● 증거기반 추론(evidence-based reasoning)의 증명 1. 지원되는 증거 없이 일반화시키거나 부적절한 증거를 인용함. 2. 결론을 이끌어내지 못하고, 증거를 반복적으로 기술함. 3. 증거로부터 결론을 이끌어냄.	
논리적 흐름의 관리 (3점)	● 보고서 내용에 적절한 방식으로 흐름(flow)을 관리하기 1. 문장들이 서로 연관이 어떻게 되는지에 대한 감각 없이 작성됨. 2. 글의 흐름이 불균형적으로 관리됨.(즉, 일관적이지 못함) 3. 구성에 대한 의식을 굳이 할 필요가 없을 정도로 일관적인 흐름을 가지고 있음.	
언어 통제 (3점)	● 학문적 용어를 효과적으로 사용하는 것을 증명하기 1. 문법이나 구문(syntax)에 있어서 여러 문제들이 독자의 집중을 방해하거나, 전체적인 표현에 있어서 질(quality)이 떨어짐. 2. 문법이나 구문에 있어서 몇 가지 문제가 발생하지만, 전체적인 언어통제가 잘 이루어짐. 3. 언어 사용이 탁월하여, 독자를 감동시킴.	
총점(12점 만점)		

[의 견]

＊ Bresciani, M. J., Oakleaf, M., Kolkhorst, F., Nebeker, C., Barlow, J., Duncan, K., & Hickmott, J. (2009). Examining design and inter-rater reliability of a rubric measuring research quality across multiple disciplines. *Practical Assessment, Research & Evaluation, 14*(12), 1-7.

과제 기대 수준을 정확히 인식하도록 해주는 도구로, 복잡한 수행과제를 해 나가는데 일종의 나침반 역할을 한다.

학습자는 루브릭을 통해 교수자가 설계한 성취기준 도달을 향한 수행과제의 중요한 수행과제에 집중할 수 있도록 하여 수행과제를 통해 학습이 이루어지게 한다.

5) 학습자 중심의 평가 설계

온라인 평가 설계에서 주요 원칙들을 요약해보면 다음과 같다.*

첫째, 자기 성찰을 포함한 학습자 중심의 평가를 설계한다.
둘째, 토론·과제·프로젝트·협력에 기여한 바를 평가할 수 있는 평가 루브릭을 포함하여 설계한다.
셋째, 학습자 간 피드백을 포함하여 과제물 평가에 학습자를 참여시킨다.
넷째, 학습목표와 일관된 평가 기법을 활용한다.
다섯째, 명확하고 이해하기 쉽고 온라인에서 적용 가능한 평가를 설계한다.

- 평가에 내재된 수단으로써 정기적이고 지속적인 피드백을 제공한다.
- 그룹 활동, 협력, 토론 등을 통한 높은 수준의 상호작용 등 역동적인 상호작용을 포함한다.
- 기술 습득과 문제해결 능력을 보여주는 에세이, 토론, 프로젝트 평가 전략을 활용한다.
- 대안적 평가로 수행평가, 실제적 평가, 포트폴리오식 평가를 활용한다. 수행평가는 학습자가 실제 적용하는 것을 강조하며, 실제적 평가는 실제 세계

---

*　Palloff, R. M., & Pratt, K. (2006). *Collaborating online: Learning together in community*. San Francisco: Jossey-Bass.

에서 활용되는 것과 똑같은 조건과 자료로 평가할 것을 강조한다. 포트폴리오 평가는 보고서, 프로젝트, 과제, 저널, 블로그 등 축적된 자료로 학습의 과정을 포함하여 평가하는 것을 강조한다.

여섯째, 평가가 어떻게 이루어져야하는 지에 대한 학습자의 의견을 수렴한다. 이는 결과적으로 공동체 의식을 높여주고, 자기 주도 학습, 자기 효능감을 촉진해주며, 문제해결 능력을 신장시켜주고, 평가에 포함될 내용이 무엇인지 안내해주는 역할을 해준다.

🔍 학습자 참여 평가 활동 예시

시험문제 콘테스트

평가에 학습자를 직접 참여시키는 것도 효과적인 학습전략 중의 하나이다.

학기가 진행되는 동안 퀴즈, 중간고사, 기말고사 등에 학생이 직접 시험문제를 낼 수 있는 공모전 형태로 기획해볼 수 있다. 이때 개별 학습자가 좋은 문제를 생성하는 것은 한계가 있을 수 있으므로 3인 팀 구성으로 공모전에 응시할 수 있는 자격이 부여하고 시험에 앞서 일정한 기간 동안 함께 시험범위를 학습하게 한다.

이 활동의 첫 번째 기대효과는 시험에 임박하여 공부하기 보다 사전에 학습내용을 전반적으로 복습할 수 있는 기회를 제공하고 스스로 중요한 점이 무엇인지 파악할 수 있는 성찰학습의 기회를 제공하는 데 있다.

두 번째 기대효과는 교수자가 학습자들이 중요한 내용을 파악하고 있는지 확인해보고 교수자의 기대와 목표와는 달리 어떤 내용을 중요하다고 생각했는지 전반적인 이해도를 평가하고 수업의 효과성을 사전에 점검하여 수업에 대한 형성평가로 활용할 수 있다.

학생들이 시험문제를 팀별로 비공개로 교수자에게 제출한 후 선정된 문제는 실제 시험문제지에 포함하되 사전에 학생들에게 공개하지는 않는 것이 좋다. 시험과 채점이 모두 끝난 후 실제 문제로 공모전에 당첨된 팀을 소개하고 추가 점수나 선물로 작은 보상을 제공한다. 이때 가능한 작은 비율이라도 실제 성적에 반영해주는 것이 동기유발과 강화에 도움이 된다. 내용을 잘못 이해하고 출제된 문제의 경우 출제자를 공개하지 않는 범위에서 반드시 수업시간에 개념 설명을 다시 제공하고 개념 이해를 유도하는 것이 중요하다.

5. 온라인 실시간 시험의 신뢰성 제고 전략

시험은 학습자들에게는 어떤 상황에서라도 긴장되고 불안한 경험이다. 특히 온라인에서 실시간으로 시험을 치르게 되는 경우에 그 부담은 교실 환경보다 더 크다. 이와 같은 심리적 부담도 우려 사항 중하나이지만, 비대면 실시간 시험에서의 큰 이슈 중 하나는 바로 부정행위와 관련된 것이다.

먼저 온라인 실시간 평가의 특성에 대해 알아보고 부정행위 방지를 위한 전략들을 살펴보고자 한다.

1) 온라인 실시간 평가

LMS나 외부 평가 시스템을 활용하여 지필고사를 시행할 수 있다. 문제은행에서 임의로 추출된 문제, 그래픽이나 비디오로 제작된 문제 화면, 학습자 반응에 대한 즉각적 피드백, 스펠링 체크, 다수 응시 가능 기회 제공, 온라인 학습으로 퀴즈 점수 자동 반영 등 다양한 기능을 활용하여 실행될 수 있다. 진위형, 선다형, 단답형 등 다양한 형태 유형이 가능하다. 온라인 퀴즈는 형성평가, 개별 학습 활동에 있어 학습자들에게 피드백을 제공하고 계속해서 학습을 지속하도록 독려하고 중요한 내용에 대한 강화를 목적으로 활용되는 것이 바람직하다.

2) 부정행위 방지를 위한 전략

시험에서 부정행위란 시험을 보는 중 자료를 보거나, 다른 사람의 답을 보거나, 다른 사람과 의논을 하거나, 다른 사람의 신분을 도용하는 등의 불법적인 행위를 총칭하는 용어이다. 부정행위는 비단 온라인 시험에만 국한된 것은 아니며 전통적인 형태의 시험에서도 언제나 이슈가 되어 오고 있다. 다만 온라인 시험 상황에서는 감독관과 물리적으로 분리되어 있다는 것 때문에 부정행위 발생을 증가시킬 수 있다는 문제가 제기될 수 있다. 즉 온라인 시험은 동시에 응시하지 않고 동일 시험이 복수의 응시 기회가 있거나, 혹은 응시자들이 서로 다른 시간대에 시험을 치르게 되는 경우도 있으며, 특히 본인 인증절차가 마련되지 않아 대리 응시를 할 수 있는 가능성이 있을 수 있기 때문이다.

온라인 실시간 시험에서의 부정행위에 대한 일차적 대안은 문제은행에서 무작위 추출로 시험지를 형성하는 것이다. 난이도나 문제조합의 체계성에 따라 모든 학생이 서로 다른 문제지로 시험에 응시하게 하는 것이다. 다른 대안은 실시간 감독을 강화하는 것으로 학생들에게 반드시 아이디를 제출하고, lock down 소프트웨어를 설치하여 인쇄나 문제 복사, 웹 서핑, 이메일이나 메신저 활용 등을 금지시키도록 해야 한다. 지문 분석, 음성 인식, 비디오 감독 등도 가능하다.

기술적으로 본인인증을 하거나 다른 활동을 제어하는 방식들이 가능해졌지만 부정행위에 대해 학습자들의 윤리성을 제고하고 시험 전 서약을 하게 하는 예방적 조치가 보다 중요할 수 있다. 더 나아가 온라인 수업이 학습자 중심적으로 잘 설계되어 부정행위 자체가 의미없는 일이 되도록 할 필요가 있다.

학습하는 데 있어 공동체 맥락에서 지속적인 협력활동을 하는 경우, 그 협력활동의 결과로 그룹 혹은 개별적인 학습 과제물을 제출하여 평가가 행해진다면 부정행위 자체가 무엇인지 그 의미가 모호해

질 것이다. 즉, 실시간 시험에 대한 의존도를 낮추고 포트폴리오식 평가, 평가 루브릭의 활용, 수시평가를 통해 작은 학습활동들에 대한 평가 점수를 종합하여 학점에 반영하기, 과제형 등의 평가 비중을 높여가는 방식으로 평가의 공정성을 확보하고자 노력하는 것이 더 바람직한 방향이 될 것이다.

지속적인 평가나 포트폴리오식 평가는 교수자의 업무가 늘어나게 된다는 지적이 있을 수 있으며, 한편으로 학습자가 한 학기 동안 배운 분량을 충분히 복습하고 시험 준비를 하는 학습을 할 수 있는 기회는 줄어들 수도 있다.* 또한 부정행위를 방지하기 위한 다양한 전략적 접근은 오히려 학습자들에게는 자신들이 신뢰받지 못하고 있다는 부정적인 풍토를 심어줄 가능성도 배제할 수는 없다는 측면에서 신중하게 설계되고 실행될 필요가 있다.

더 적극적인 대안으로 오픈 북 형태의 시험이나 퀴즈를 제안할 수도 있다. 학생들이 시험에 응시할 때 교재나 자료를 참고하는 부정행위를 방지하기 위한 도구 개발이나 여타의 접근보다는 오히려 시험을 치르는 동안 더 심화된 학습이 일어날 수 있도록 고차원적 사고를 요구하고 학습한 내용의 통합을 요구하는 형태의 시험을 출제하는 것이다. 또한 온라인 테크놀로지를 활용한 구술시험이나 웹에서의 학습활동 수행 등 전통적인 시험의 답습이 아닌 새로운 패러다임을 도모해야 할 것이다.

*   Rowe, N. C. (2004). Cheating in online student assessment: Beyond plagiarism. *Online Journal of Distance Learning Adminstration, 7*(2).

3) 표절

실시간 시험에서의 부정행위와 유사하게 과제형 시험을 치르는 경우 표절이나 저작권 침해 등의 이슈가 발생할 수 있다. 온라인에서 무료로 활용되는 표절검사 도구나 LMS에서 제공되는 모사답안 확인 기능을 활용하여 평가 전 표절 여부를 확인할 수 있다.

사후 검사보다는 사전에 학습자들에게 저작권을 준수하고 자신의 노력으로 과제를 완성하도록 태도교육을 하는 것이 보다 바람직하다. 또한 과제를 출제할 때, 하나의 답만 정해져 있는 것보다는 다양한 관점과 방향이 포함될 수 있고 가능한 창의력이나 비판적 사고력과 같은 고차원적 학습능력을 평가할 수 있는 방향을 모색하는 것이 중요하다.

수 업 성 찰

어떤 수업이라도 설계하고 실행하는 것은 쉽지 않다. 환경적·맥락적 영향으로 인해 비대면 상황은 다른 수업보다 더 많은 고려사항이 있으며 교수자에게도 교실 수업과는 다른 수업역량을 요구한다. 온라인 수업에서 교수역량(teaching competency)을 높이기 위해서는 여러 가지 노력이 필요하다.

1. 학습자 파악하기

학습자 분석은 모든 수업 설계에서 중요하게 고려되어야 할 사항이다. 수업설계 전에 학습자들을 파악하고 그에 부응하는 전략들을 모색해야 한다. 학습자의 특성은 연령, 학년, 전공, 성별, 문화 등으로 사전 정보를 활용해볼 있다. 만약 수업에서 중요하게 생각하는 역량이나 조건이 있다면 온라인 도구들을 활용하여 설문 형태로 자기주도력, 교과태도, 학습동기 등을 측정해보는 것도 바람직하다. 그러나 수업에 대한 기대를 조사하여 이를 수업에 반영하는 것도 매우 중요하기 때문에 특별한 진단도구가 아니더라도 학습자들에게 개방형 질문으로 수업에 대한 요구를 파악할 수 있다.

- 내가 들었던 수업 중에 이 수업과 관련 있었던 내용
- 강의계획서에 나온 주제 중에 가장 관심 있는 내용/가장 어려울 것 같은 내용
- 강의계획서에 없지만 이 수업에서 꼭 다루었으면 하는 내용
- 해보고 싶은 학습활동 (팀활동, 개별학습, 프로젝트형 과제, 개념 중심 학습 etc.)

2. 수업 특성 파악하기

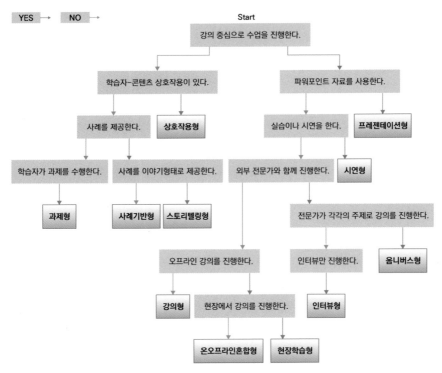

한양사이버대학교 강의 유형 선택 흐름도

프레젠테이션형		설계 전략
강의 중심으로 진행되며, 개념, 이론 등을 전달하는 교과목	⟫	판서형 프레젠테이션형 강의형
학습한 내용을 적용하는 과제를 학습자가 해결하고 교수자가 과제에 대한 피드백을 제공하는 교과목	⟫	과제형
주제별 혹은 분야별로 여러 전문가가 함께 강의를 진행하는 교과목	⟫	옴니버스형
최신성을 보장하기 위해 면대면 수업을 진행해야 하는 주제가 있는 교과목	⟫	온오프라인 혼합형
학습내용을 적용/분석/종합/평가하기 위해 사례를 제공하는 교과목	⟫	사례기반형
현장을 방문해서 살펴봐야 하는 교과목	⟫	현장학습형
강의와 학습내용을 함께 제공하고 이때 학습자가 학습내용에 상호작용할 수 있게 화면을 구성해야 하는 교과목	⟫	상호작용형
실제적이고 구체적인 학습을 위해 현장의 실무자 혹은 전문가의 의견을 듣는 교과목	⟫	인터뷰형
실습하는 모습을 제공해야 하는 교과목 (프로그램 사용, 상담 실습 등)	⟫	시연형
학습내용에 대한 이해를 돕기 위해 스토리를 만들어서 애니메이션을 제공하는 교과목	⟫	스토리텔링형

한양사이버대학교 강의 유형

3. 나의 티칭스타일 진단하기

'나 다운' 수업이 가장 자연스럽고 효과적일 수 있다. 나의 티칭스타일에 부합하지 않는 전략을 도전적으로 활용해보는 것이 도움이 되는 경우도 있겠지만 나답지 않은 부자연스러움으로 인해 수업하는 것이 힘들어지고 학생들에게도 설득력이 부족할 수 있기 때문이다. 물론 스스로 수업 개선을 위해 여러 가지 시도를 해보는 것은 매우 가치있는 일이다. 그러나 나 자신을 진단하고 그에 부합하는 최적의 전략모색이 보다 중요하다.

Grasha-Riechmann 티칭스타일 검사지

1 = 전혀 그렇지 않음 2 = 그렇지 않음 3 = 보통 4 = 그러함 5 = 매우 그러함

	항목	응답
1.	사실, 개념, 원리는 학생들이 알아야 할 가장 중요한 것이다.	
2.	나는 이 수업을 수강하는 학생들에게 높은 수준의 기준을 적용한다.	
3.	나의 행동이나 말은 학생들이 학습 내용을 이해하는데 있어 좋은 모델이 된다.	
4.	나의 교수목적과 교수방법은 학습자의 다양한 학습스타일을 고려한 것이다.	
5.	학생들은 대체로 나의 관리나 통제 없이 스스로 프로젝트를 수행한다.	
6.	지식과 전문성을 학생들과 나누는 것은 나에게 매우 중요하다.	
7.	나는 학생들의 수행결과가 만족스럽지 않을 때는 부정적 피드백을 제공한다.	
8.	나는 학생들에게 내가 제시한 예시를 따라 해 볼 수 있는 기회를 제공한다.	
9.	나는 학생들이 개별 또는 그룹 프로젝트를 수행하는데 있어 도움을 주기 위한 컨설팅 시간을 갖는다.	
10.	이 수업에서의 활동은 학생 스스로 학습 주제를 이해할 수 있도록 도와준다.	
11.	수업 주제에 대해 설명할 때 학생들이 관련된 분야에 대해 보다 넓은 관점을 갖도록 하는 것이 중요하다	
12.	학생들은 나의 기준과 기대치가 다소 엄격하다고 말할 것이다.	

항목	응답
13. 나는 학생들이 학습주제를 마스터하기 위해서 무엇을 어떻게 해야 할지를 제시해준다.	
14. 학생들의 비판적인 사고 능력을 개발해주기 위해 소규모 토론을 적용하고 있다.	
15. 이 수업에서 학생들은 하나 이상의 자기주도적인 학습경험을 스스로 설계한다.	
16. 나는 학생들이 전공 분야로 진출할 때 충분히 준비시켜서 내보내고 싶다.	
17. 학생들이 무엇을 배워야 하는지, 어떻게 학습해야 하는지를 알려주는 것은 나의 책임이다.	
18. 학습자료의 요점을 설명하기 위해 자주 내 개인적 경험에 따른 사례들을 사용한다.	
19. 나는 학생들의 프로젝트 수행을 지도할 때 주로 학생들에게 질문을 하거나, 다양한 방법 및 대안들을 제시한다.	
20. 나에게는 학생들이 독립적으로 사고하고 수행할 수 있는 능력 개발이 가장 중요하다.	
21. 나는 이 수업에서 강의식 교수법을 가장 빈번하게 사용한다.	
22. 나는 어떻게 수업 과제를 완료하길 원하는지 매우 명확하게 가이드라인을 제시한다.	
23. 나는 자주 다양한 원리와 개념들을 어떻게 활용할 수 있는지 보여준다.	
24. 이 수업에서는 다양한 활동을 통해 학생들이 학습 주도권과 학습에 대한 책임감을 갖는다.	
25. 이 수업에서는 학생들이 강의를 맡고 있다.	
26. 학습 주제와 관련된 논쟁은 나의 전문적 지식으로 거의 해결된다.	
27. 이 수업에는 성취되어야 할 구체적인 목적과 목표들이 있다.	
28. 나는 학생들의 수행결과에 대해서 자주 나의 코멘트를 제공한다.	
29. 나는 학생들에게 이 수업에서 무엇을 어떻게 가르쳤으면 좋은가에 대한 조언을 자주 구한다.	
30. 학생들은 개인 또는 그룹과제를 완료하기 위한 일정을 스스로 계획한다.	
31. 학생들은 나를 사실, 원리, 개념을 알려주는 "지식저장소"로 생각할 것이다.	
32. 수업에서 학생들이 무엇을 할 것인지는 강의계획서에 명확하게 정의되어 있다.	
33. 결과적으로 많은 학생은 학습내용에 대해 나와 같은 방식으로 사고한다.	

항목	응답
34. 학생들은 수업에서 요구되는 것들을 성취하기 위한 활동들을 직접 선택할 수 있다.	
35. 교수(teaching)에 대한 내 생각은 타 교수님들에게 모델이 될 수 있다고 생각한다.	
36. 나는 이 수업 시간 내에 소화할 수 있는 것보다 더 많은 수업자료를 가지고 있다.	
37. 나의 기준과 기대치는 학생들이 자신의 학습능력을 개발시키도록 해준다.	
38. 학생들은 나를 "코치" (문제 해결을 위해 옆에서 조언해주는 사람)라고 생각할 것이다.	
39. 나는 학생들에게 수업에서 잘할 수 있도록 개별적인 지원과 격려를 많이 한다.	
40. 나는 학생들이 필요로 하는 도움을 줄 수 있는 사람이다.	

진단결과 확인 방법

각 유형별 응답의 평균점수를 구하여 비교해본다.

예시

전문가 (Expert)	엄격한 교수자 (Formal Authority)	역할 모델 (Personal Model)	촉진자 (Facilitator)	위임자 (Delegator)
4.37	2.9	3.0	3.87	2.9
높음	낮음	보통	높음	낮음

※ 3.0 미만이면 "낮음", 3.0~3.5 미만이면 "보통", 3.5 이상이면 "높음"

유형별 문항 항목

전문가 1, 21, 26, 31, 36
엄격한교수자 2, 7, 12, 17, 27, 32, 37
위임자 5, 10, 15, 20, 30, 40
역할모델 3, 8, 13, 18, 23, 28, 33, 38
촉진자 4, 9, 14, 19, 24, 29, 34

진단결과 해석

유형	유형 설명	선호하는 수업방법
전문가 (Expert)	교수자가 가지고 있는 지식과 전문적인 기술을 바탕으로 학습자를 지도, 안내함.	교수자 중심의 질문, 강의, 프레젠테이션 등
엄격한 교수자 (Formal Authority)	교수자로서의 책임감 및 권위를 중요시하며 자신이 가진 지식을 학습자에게 전달하는 것을 목표로 학습자들이 자신의 가치관, 규칙, 기대수준을 따라오도록 그 과정을 감독함.	교수자 중심의 질문, 강의, 프레젠테이션 등
역할 모델 (Personal Model)	자신의 경험 및 사례를 바탕으로 수업을 리드하며, 평소의 자신의 언행을 통해 학습자에게 모델을 제시함.	역할극, 시연 등
촉진자 (Facilitator)	학습자의 학습 스킬을 개발하도록 도와주는 것이 학습 내용을 이해시키는 것 못지않게 중요하다고 생각함.	문제중심학습, 사례기반학습, 액션러닝 등
위임자 (Delegator)	학습자가 주도적으로 학습을 진행하고 그 과정 및 결과에 대해 스스로 책임질 수 있도록 도와줌.	심포지엄, 패널 토론, 소그룹 토의, 독립 연구 등

티칭스타일은 교수자의 일반적 특성을 나타내주고 어떠한 수업 방식이 적합한지에 관한 유용한 정보를 제공한다. 티칭스타일은 자가진단의 결과이며 절대적인 유형으로 해석할 필요는 없으며 일반적 성향 정도로 이해하는 것이 바람직하다. 또한 과목의 특성에 따라 티칭스타일 진단 결과는 달라질 수 있다.

예를 들어 위임자 유형이라고 하더라도 기초 개념을 강조하는 수업을 하는 경우에는 전문가 유형이 더 강조되어 나타날 수 있기 때문이다.

4. 나의 온라인 역량 진단하기*

온라인 수업에서 강조되어야할 수업 역량들도 있다.

다음의 진단도구를 활용하여 기본소양, 수업설계, 수업개발, 수업운영의 각 영역별로 스스로 진단하여 어떤 역량이 부족한지 점검하여 해당 역량을 키우려는 노력을 기울일 필요가 있다.

온라인 수업 역량 진단도구 예시

영역		항목	점수
기본 소양	1.	스스로가 평생 학습자라는 생각으로 신기술을 연마하고 새로운 지식을 습득하여 더 나은 교수능력을 갖춘다.	
	2.	스스로 부족한 부분에 대해 성찰하여 변화하고자 한다.	
	3.	효과적으로 커뮤니케이션 할 수 있는 기술과 태도를 갖추고 있다.	
	4.	현재 상황과 바람직한 상황 간의 차이(gap)를 해소하기 위해 타당한 해결책을 도출한다.	
	5.	예측하지 못했던 돌발적 상황이 일어났을 경우, 당황하지 않고 효과적으로 대처한다.	
	6.	혁신을 수용하고 채택하며 선도적으로 적용하고자 하는 태도를 가진다.	
	7.	교수-학습과 관련된 전반적인 절차를 기획, 운영, 평가한다.	
	8.	내용전문가로서 주제와 내용에 대해 충분하고 정확한 지식을 갖추고 있다.	
	9.	가르치는 주제와 내용에 대해 자신을 가진다.	
	10.	자신의 교육철학에 대하여 고민하고 실천한다.	
온라인 교육에 대한 이해	1.	학습자의 다양한 특성을 이해한다.	
	2.	온라인 교육 상황에서 효과적/효율적인 교수-학습을 촉진하기 위해 필요한 제반 이론을 이해한다.	
	3.	온라인 교육의 교육적 가치에 대한 긍정적인 인식과 태도를 갖는다.	
	4.	학생 중심의 수업을 이끌고 학습의 조력자로 자신의 역할을 전환하고자 한다.	
	5.	온라인 상에서 준수해야 할 예의, 도덕, 행동규범을 실천한다.	

*　한승연·임규연 (2012), 사이버대학 교수자 역량 모델링, **교육방법연구, 24**(4), 837~862.

영역		항목	점수
온라인 교육에 대한 이해	6.	텍스트 기반의 속성이 강한 온라인 교수환경에서 효과적인 학습을 촉진하기 위해 적절한 글쓰기 기술을 갖춘다.	
	7.	LMS의 기능 및 다양한 활용 사례를 이해하고 이를 실제 수업에 적용한다.	
	8.	다양한 테크놀로지에 대해 지속적인 관심을 가지고 그 기능과 효과에 대해 평가한다.	
	9.	수업운영에서 야기되는 업무 과부하를 조정하고 부담을 관리한다.	
수업 설계	1.	온라인 교육 특성을 반영하여 효과적인 수업을 설계한다.	
	2.	교수설계에 대한 지식을 바탕으로 콘텐츠를 기획한다.	
	3.	학습자의 선수 지식 및 특성을 분석하고 학습 환경을 파악하여 효과적인 수업을 계획한다.	
	4.	내용을 효과적으로 계열화하고 조직한다.	
	5.	수업 목표에 따라 차시별로 강의 분량을 적절히 분배한다.	
	6.	학습자의 고차적 사고를 유도하는 수업 기법을 활용한다.	
	7.	학습자가 사이버강의에 몰입하고 집중력을 유지할 수 있는 전략을 모색하고 적용한다.	
	8.	교수 자신의 (혹은 외부 전문가 도입을 통해) 풍부한 실무/현장 경험을 수업 내용에 적용한다.	
	9.	실제적(authentic) 사례와 자료를 기반으로 수업을 구성한다.	
	10.	자신의 교직 경험이나 동료의 교수활동 모니터링을 통해 얻은 지식을 수업 설계에 적용한다.	
	11.	온라인 교육 맥락을 반영하여 효과적인 성취도 평가를 설계한다.	
	12.	출석, 과제 등 성적 관련 기준을 정의하고 공유한다.	
수업 개발	1.	교수에 필요한 자료 및 자원을 각종 매체를 활용하여 검색한다.	
	2.	각종 매체에서 찾은 적절한 자료를 온라인 교수 환경에 맞게 변환한다.	
	3.	지적재산권의 공정한 사용을 이해하고 저작권 규제를 준수한다.	
	4.	가르치는 내용을 학생의 수준에 맞도록 이해하기 쉽게 설명한다.	
	5.	학습내용의 제시 및 학습자와의 상호작용 과정에 있어서 상황 맥락에 부합하는 어휘를 사용하여 학습자의 이해를 돕는다.	
	6.	상호작용적 의사소통이 가능한 온라인 매체에 적합한 방식으로 프리젠테이션한다.	
	7.	실제 강의실에서 학생들과 수업을 하는 것과 같이 자연스러운 음성, 톤, 제스츄어로 강의한다.	
	8.	수업을 설계·개발하는 데 있어 설계·개발 팀과 아이디어를 원활하게 공유한다.	
	9.	최종 강의콘텐츠 개발 결과물을 예측한다.	

영역		항목	점수
수업 운영	1.	수업 준비, 강의 및 운영에 있어서 계획에 된 시간에 맞추어 수업을 진행한다.	
	2.	강의와 관련된 주요 공지 사항을 자주, 구체적으로 전달한다.	
	3.	학생과의 의사소통에 성의와 열의를 갖고 임한다.	
	4.	학생의 질의에 친절하게 응대한다.	
	5.	학습자가 온라인 학습 상황에 적응할 수 있도록 기술적, 인지적, 심리적인 도움을 준다.	
	6.	일방적인 교수 진행이 아닌 학생과의 상호작용을 통해 수업을 이끌어 간다.	
	7.	학습자의 적극적 참여를 촉진한다.	
	8.	학습자들이 교수-학습 방향 및 자신의 학습 스타일에 부합하는 학습 전략을 사용하도록 돕는다.	
	9.	온라인 공간의 사회/심리적 환경, 물리적 환경, 학습 분위기를 조성하여 학습자들의 공동체 의식을 함양한다.	
	10.	학습자들이 학습공동체를 구성하거나 팀 프로젝트를 수행하는 등 학습자 간의 다양한 형태의 협력을 촉진한다.	
	11.	학습자가 과제를 수행하는 데 있어 컨설팅을 제공한다.	
	12.	수업을 방해하거나 혹은 전혀 관심을 보이지 않는 학생들의 행동을 모니터링하고, 이들의 학습 의욕을 촉진하고 관리한다.	
	13.	시의적절한 질문을 통해 학습자의 이해도를 확인한다.	
	14.	학습자의 과제 수행과 평가결과에 대한 피드백을 제공한다.	
	15.	학습자가 배운 것을 자신의 상황과 업무에 적용하도록 유도한다.	

5. 교수자의 테크놀로지 역량

온라인 수업을 효과적으로 하려면, 교재와 자료, 활동 등이 디지털이거나 온라인에서 활용 가능한 것이 좋다. 이러한 교재와 자료, 활동을 제작하고 활용하기 위해서는 교수자의 테크놀로지 역량*이 요구되는데, 구체적으로 다음과 같다.

* Kessler, G. (2016), Technology standards for language teacher preparation. In F. Farr & L. Murray. (Eds.), *The Routledge handbook of language learning and technology* (pp. 95~110). London: Routeldge.

- **정보 찾기(locate)** 해당 수업/학습에 필요한 다양한 자료 찾을 수 있는 능력.
- **정보 평가하기(evaluate)** 찾은 자료의 주제 및 내용의 적절성, 신뢰성, 언어의 정확성, 난이도 등을 평가하여 학습자료로 채택할 것인지를 결정하는 능력.
- **자료 제공하기(distribute)** 다양한 형태의 자료(예: 비디오, 오디오, 웹 링크, 텍스트 등)를 최적화된 방법으로 학습자에게 제공할 수 있는 능력.
- **레슨 구성하기(integrate)** 다양한 자료를 통합하여 수업과 학습 내용을 구성할 수 있는 능력.
- **자료 만들기(create)** 필요한 경우에 다양한 비디오, 오디오, 텍스트, 이미지 등의 자료를 직접 만들 수 있는 능력.
- **편집하기(customize, convert)** 이미 만들어진 멀티미디어 자료를 필요에 따라 편집할 수 있는 능력
- **재구성하기(repurpose)** 이미 만들어진 자료를 그대로 또는 약간의 편집을 하여 다른 학습 목적으로 사용할 수 있는 능력.

위의 능력 중 정보 찾기, 정보 평가하기, 자료 제공하기, 레슨 구성하기는 기본적인 능력으로, 자료를 직접 제작하거나 편집하는 능력이 요구되지 않는다. 즉, 이미 만들어져 공유가 되고 있는 자료를 선별하여 자신의 수업에 최적화시켜서 활용할 수 있는 능력이다. 반면, 자료 만들기, 편집하기, 재구성하기는 교수자가 다양한 저작도구를 사용하여 직접 자료를 제작할 수 있는 능력이다. 제작과 편집은 시간이 많이 소요되기는 하지만, 수업에 가장 적절한 자료를 만들어 사용할 수 있다는 점에서 효과적이다. 처음 온라인 수업을 계획할 때는 너무 무리하게 시작하기 보다는 자신의 역량에 맞춰서 시작을 하고 점차 역량을 강화해 나가는 것이 필요하다. 온라인 수업에서 테크놀로지가 가장 중요한 요소는 아니나, 테크놀로지를 활용하여 할 수 있는 것이 많아지면 활동의 종류를 다양화할 수 있고 학습효과를 증진시킬 수 있기 때문에 장기적으로는 교수자의 테크놀로지 역량을 늘여나가는 것이 중요하다.

6. 미디어 스피치 기법 익히기

온라인 강의는 일반 말하기와는 다른 미디어에 적합한 스피치기법을 요구한다. 물론 전문 아나운서처럼 숙련되는 데는 시간과 노력이 많이 들뿐 아니라, 수업은 아나운서와 같은 화법이 반드시 효과적이라는 연구결과가 있는 것도 아니다. 다만, 학생들의 몰입을 유도하면서 수업내용을 효과적으로 전달하기 위해서는 스피치기법을 연습하고 훈련할 필요가 있다.

정확한 발음과 좋은 전달력을 갖기 위해 노력한다.

표준 억양이 아니거나 특정 자음을 강하게 발음하거나 하는 등 자신만의 독특한 발음 습관이 있기 마련이다. 온라인으로 수업을 녹화하게 되면 이 부분이 더 부각될 수 있고 반복되는 경우 학습자들이 피로하게 느낄 수 있다. 간혹 '음..' '아-' 하는 불필요한 말을 하게 되는 경우나 뜻하지 않게 '그러나'와 같은 한가지 접속사를 맥락에 맞지 않게 계속 사용하게 되는 경우도 있다. 가능하면 부드럽고 표준어 억양에 가까운 발음을 하려고 스스로 노력할 필요가 있다. 또한 정보전달을 위해서는 있는 내용을 그대로 읽는 것은 바람직하지 않으며 상대의 이해를 돕기 위한 진정성 있는 태도로 강의를 하는 것이 중요하다. 가장 좋은 훈련방법은 자신의 강의 녹화 내용을 보면서 스스로 잘못된 부분을 찾아 교정하고자 노력하는 것이다.

신뢰감을 주는 언어를 선택하고 신중하게 말하는 연습이 필요하다.

온라인으로 강의녹화가 남아 있는 경우, 학생들이 반복적으로 수강하게 될 수 있으므로 일상적으로 쓰는 비속어나 농담이라고 할 지라도 신중하게 가려서 가능한 신뢰감을 줄 수 있는 바른 언어의 선택이 중요하다. 특히 의도치 않게 특정한 성별, 계층, 문화에 대한 차별을 담은 언어를 쓰거나 정치·종교 등 수업과 직접적인 관련이 없는 사례 제시로 시간을 허비하지는 않는지 늘 주의해야 한다.

아이컨택을 잘 활용해야 한다.

최근에는 카메라와 정면으로 바라보지 않는 샷으로도 방송을 촬영하는 것이 트렌드이기도 하나, 카메라가 여러 대 있고 보조해주는 인력이 카메라를 전환하며 녹화를 지원할 수 있는 상황이 아니라면 가능하면 카메라와 적절한 아이컨택을 해야 한다. 학생들을 바라보는 시선을 취해야 하고, 카메라의 위치를 잘 인식하지 못하거나 프롬프트에 카메라가 내장된 경우에는 최초 녹화시 카메라와 적절한 아이컨택 위치를 확인하여 표시해두고 녹화에 임하는 것이 바람직하다.

자료화면을 계속 내려다보는 것은 좋지 않으며 자료를 보아야 하는 경우에는 너무 빨리 고개를 들거나 자주 내려다보기보다는 3~5초 정도 자료를 보고 자연스럽게 고개를 들면서 상황을 관리하면 좋다.

판서를 하는 경우 뒤돌아서지 않도록 하고, 칠판이나 스크린을 보아야 하는 경우에도 시선만 가볍게 주는 것이 좋다. 아이컨택이 부족한 수업은 몰입이 떨어지고 따라서 학습효과도 떨어지게 된다. 이는 녹화 강의가 아니라 실시간 화상 세미나에서도 마찬가지인데 발표하거나 토론을 듣는 동안 교수자가 집중하는 모습을 보여주는 것이 좋다.

온라인 수업을 녹화한 경우 이번 학기에만 쓰지 않고 그 다음학기에도 활용하게 되는 경우가 있다. 따라서 특정한 날씨나 사회적 사건, 스포츠 경기 결과 등을 언급하는 것은 해당 학기에는 흥미로운 발언이 될 수 있으나 콘텐츠의 재사용성은 현저히 떨어지게 된다. 따라서 녹화시 1, 2학기 연이은 활용이나 다음해에 활용할 계획이 있다면 가능하면 시의성이 높은 발언은 피하는 것이 바람직하다. 또한 계절감이 드러나지 않는 복장을 입고 촬영하면 학기 구분 없이 재사용이 가능하다는 점도 참고해둔다.

자연스러운 제스쳐를 취해야 한다.

강의를 녹화하다보면 긴장하여 같은 자세로 어색하게 내내 강의를 진행하게 되는 경우가 있다. 이때 시간대별로나 내용별로 자연스러운 제스쳐를 취하면 더 자연스럽고 학생들의 몰입을 유도할 수 있다. 물론 너무 손사래를 치거나 휘젓는 것 같은 제스쳐를 지속적으로 취하면 학습자들은 산만하다고 느낄 수 있다.

말의 속도를 적절하게 조정해야 한다.

온라인 강의를 녹화할 때는 첫 강의를 반드시 확인해보고 말의 속도가 적절한지 모니터링 한다. 온라인 강의를 처음 녹화하는 경우 단조롭고 변화없는 목소리로 천천히 진행하게 되어 학습자들의 집중도가 떨어지는 경우가 많다. 열의가 느껴지고 속도감이 있는 지 점검하며 강의의 효과성을 높인다.

에필로그*

　예전으로 돌아갈 없다는 것을 비판하기에는 새로운 변화는 더 가까이 더 빠른 속도로 다가오고 있다. 테크놀로지가 매개하는 수업은 테크놀로지에 대한 속성을 우선적으로 이해해야 하고, 이를 사용하는 교수자와 학습자들은 그 테크놀로지를 사용하고, 그 테크놀로지를 활용하여 새로운 것을 만들어 내고, 그 테크놀로지에 담긴 내용을 분석하고 평가할 수 있어야 한다.

　미디어와 테크놀로지를 충분히 갖추었다고 하더라도 사용자들의 디지털 리터러시가 부족하면 이를 활용하는 데 한계가 있다. 교수자가 온라인 콘텐츠를 제작하거나 활용하고, 다양한 도구를 활용하여 학습활동을 구성하고 학습자를 관리할 수 있는 기술적 인프라가 마련되야 하므로, 교수자의 디지털 리터러시가 없이는 수업이 실행되는데 무리가 따른다. 또한 여기에 참여하는 학습자들의 디지털 리터러시가 부족하다면 접속^(등교) 자체에 어려움을 겪고 접근하지 못한 학습자는 낙오되기 마련이다. 따라서 비대면 교육이 가능하게 하는 첫 번째 여건은 연결될 수 있는 여건과 **교수자 및 학습자의 디지털 리터러시 함양**이 될 것이다.

　그러나 교육현장에서의 상황은 이러한 여건이 아직 갖추어져 있지

---

*　한승연(2020), 비대면시대의 교육, under review에 기반하여 작성되었음.

못하다. 우선적으로 교육기회에 접근하지 못하는 학습자가 없도록 디지털 격차를 해소해야 하고 기술적 인프라가 충분히 확보되어야 한다. 또한 교수자의 디지털 리터러시를 제고할 수 있는 적시(just in time) 연수프로그램의 제공 및 지원이 필요하다. 교사와 학습자의 디지털 리터러시인데 단 시간에 역량을 제고할 수는 없더라도 별도의 교육과정으로, 혹은 모든 교육과정에 내재된 형태로 디지털 리터러시를 계속해서 함양하지 않는다면 비대면 교육의 시대가 아니라 미래사회에 적응할 수 있는 능력의 부족으로까지 이어질 수 있다.

비대면 시대는 우리에게 학교는 어떤 곳이었을까 다시 한번 생각해보게 한다. 개학 전 날 밀린 숙제와 하루 더 방학을 보내고 싶은 마음에, 내일 무슨 일이 일어나서 학교에 가지 않았으면 하고 은근히 바랬던 적은 없었는가? 그러나 막상 개학이 지연되고 학교에 갈 수 없게 되니, 이처럼 학교에 가고 싶었던 때를 손꼽아 기다린 적이 있었는지를 생각해보는 아이러니를 겪고 있다. 때로 늦잠을 잔 탓에 아침에 허둥지둥 등교 준비를 하고, 익숙한 등굣길을 지나 발걸음을 재촉하는 다른 학생들과 함께 장난을 치기도 하고 시험에 대한 걱정을 하는 대화를 나누면서 학교에 도착하게 된다. 이것이 컴퓨터의 부팅이나 스마트폰 출석체크로 바로 전환될 수 있을까? 학교에 도착하고 나면 시간표대로 수업이 진행되지만 교실 내 부스럭거림, 창밖의 소음, 수업의 시작과 끝을 알리는 종소리, 쉬는 시간, 점심시간 그리고 방과후, 익숙한 길로 귀가를 할 때까지 이 모든 것이 우리에게는 학교를 구성하는 것이었다. 학교는 건물이나 수업시간을 넘어 하나의 맥락이고 역동적인 프로세스와 상호작용이 있는 곳이다.

비대면 시대의 학교는 이러한 맥락을 온라인에 그대로 복제하는 것은 아닐 것이다. 그대로 복제할 수도 없겠지만 그대로 복제하는 것이 필요하지 않을 수도 있다. 분명 이전의 학교로 돌아갈 수는 없겠지만, 그래도 상당부분은 되돌아가기도 할 것이기 때문이다. 비대면 학교를 경험하면서 기회와 위협을 분석하고 그 교훈을 토대로 '새로운 학교'라는 맥락을 만들어 가야 할 것이다. 새로운 학교는 적어도 온라인을 통한 수업으로의 전환이 보다 유연하게 이루어지되 온라인에서 고립되거나 실패하는 학생이 없도록 더 잘 지원하고 관리하는 방향으로 가야 할 것이다.

비대면 수업으로의 즉각적 전환을 어렵게 한 것 중 하나가 제도적인 고려나 의사결정이 지연되었다는 것이다. 즉 전면 대면 수업을 하는 경우, 일부 비대면과 대면 수업을 병행하는 경우(hybrid learning), 전면 비대면 수업을 해야 하는 경우에 대한 의사결정이나 이와 같은 다양한 상황에 기반한 수업 절차와 모형을 수립하여 제공하지 못한 데 있다고 볼 수 있다. 각 상황별로 수업, 학습활동, 평가, 학습자 관리에 관련된 이슈들을 도출하고 해결할 수 있는 과제와 해결할 수 없는 과제들을 분석하고 이 시나리오를 가능하게 하는 기술적 인프라와 도구를 제시하고 활용방법을 제안하고, 이것들이 기능할 수 있게 하는 유연한 제도 변화가 필요하다.

온라인 개학사태를 경험하면서 수업과 관련하여 제기된 문제 중에는 온라인으로 대체할 수 없는 실험·실습·실기 중심의 과목에 대한 우려도 있었다. 온라인에서 가상실험실을 통한 시뮬레이션, 홀로그램이나 VR, AR 등을 활용한 실습 참여가 대안이 될 수도 있으나 모든 사용자들이 접근할 수 있거나 일반화된 단계가 아닌 경우, 수업에 완전하게 들어맞지 않는 도구의 경우 분명 한계가 있다. 지식전달 중심의 수업에 비해 기술적 지원과 개발에 중장기적 계획을 수립이 절실한 부분이다.

평가와 관련한 이슈는 특히 윤리적인 문제와 함께 제기되기도 하였다. 온라인에서의 평가는 감독관이 없다는 이유로 부정행위에 대한 우려가 있어왔다. 이는 기술적·제도적으로 해결할 수 있는 부분이 있고 이미 적용가능한 단계에 와 있다. 그러나 이러한 논의를 넘어, 평가가 대면이든 비대면이든 지식의 이해도 진단을 넘어 고차원적 사고를 평가하기 위한 패러다임 전환이 절실하며 획일적인 상대평가가 아니라 교과목적과 특성을 고려하고, 교수학습목표를 달성했는가의 여부를 확인하기 위해서 학교에서도 준거지향평가가 중심이 될 필요가 있다.

다음 고려해야 할 사항은 학습자와 관련된 것인데, 미래사회 학습자가 갖추어야 할 역량은 다양하게 제시되고 있으나 이번 위기 상황에서 새롭게 드러나게 된 것은 학습과 직접 관련된 역량 외에도 정의적 역량에 대한 재정의와 연구가 필요하다는 점이다. 어려운 상황임에도 불구하고 학업을 계속하고자 하는 의지(volition), 위기 상황을 극복하고 원래의 상태로 돌아가고자 하는 회복탄력성(resilience), 스스로학습을 설계하고 모니터링하며 학습을 관리할 수 있는 자기주도력이 새로이 조망되고 주요 역량으로 간주되어야 한다.

초기에는 대면 교육에 대한 대안으로 채택되었던 온라인 교육은 이제 다시 새로운 모형으로 등장하고 있다. 성공적인 학습경험을 제공하기 위해서는 기존의 경험으로부터의 전략을 최대한 활용하되, 한번도 시도하지 않았던 노력도 요구될 수 있다. 우리가 학교와 수업에 대해 가졌던 기존의 사고는 혁신적으로 바뀌어야 하며 원치 않았던 변화를 수용하고 적응해나가기 위한 마음의 패러다임 변화가 필요하다.